ひとりだちするための理科

子どもたちの自立を支援する会 編集

日本教育研究出版

目次

1　生物・生命

2　地球・自然

3　物質（ぶっしつ）・エネルギー

私たちは、植物、動物、水、空気、太陽、火や電気などのエネルギー、さまざまなものと関わり合って生きています。目に見えないもの、地面の下にあるもの、分解してみないと分からないもの。ふだん意識していなくても、そうしたものの中に、生活に欠かせないものが沢山あります。

これから私たちは、生物や生命、地球や自然、物質やエネルギーなどについて学んでいきます。

「どうしてこうなったんだろう?」
「この実験をしたらどうなるのかな?」
「前に学んだことに似ているような気がする」

このように疑問を持ったり、共通点やちがう点を考えながら学んでいくことは、これから先、暮らしていく上で役立つかもしれません。また、分からないことがあったら本やインターネットで調べてみることも大切です。でも、書いてあることや誰かに聞いたことは、もしかしたら間違っているかもしれません。

理科の学習を通して、**疑問を持つ、予想する、自分で調べる、実際に確かめる、そして考える**ということを学んでください。

そうやって学んだことが、自分自身や身の回りの環境、地球に対して、将来に向けてできること、身近でできることに役立つことを願っています。

1

生物・生命

01

植物(しょくぶつ)の発芽(はつが)

1　発芽(はつが)の条件(じょうけん)　発芽とは…植物(しょくぶつ)の種子(しゅし)から芽(め)が出(で)ること

植物は、どんな条件(じょうけん)で発芽するのだろうか。

春(はる)になるといろんな植物が芽(め)を出(だ)すね。

あたたかいからかな。うちのお母(かあ)さんは種(たね)をまいた後(あと)に水(みず)をあげてたから、水は必要(ひつよう)だと思(おも)う。

たしかに。水が必要かどうか調(しら)べてみよう。

発芽に水は必要なのだろうか。

実験　水あり、水なしの２つのカップで比べる。

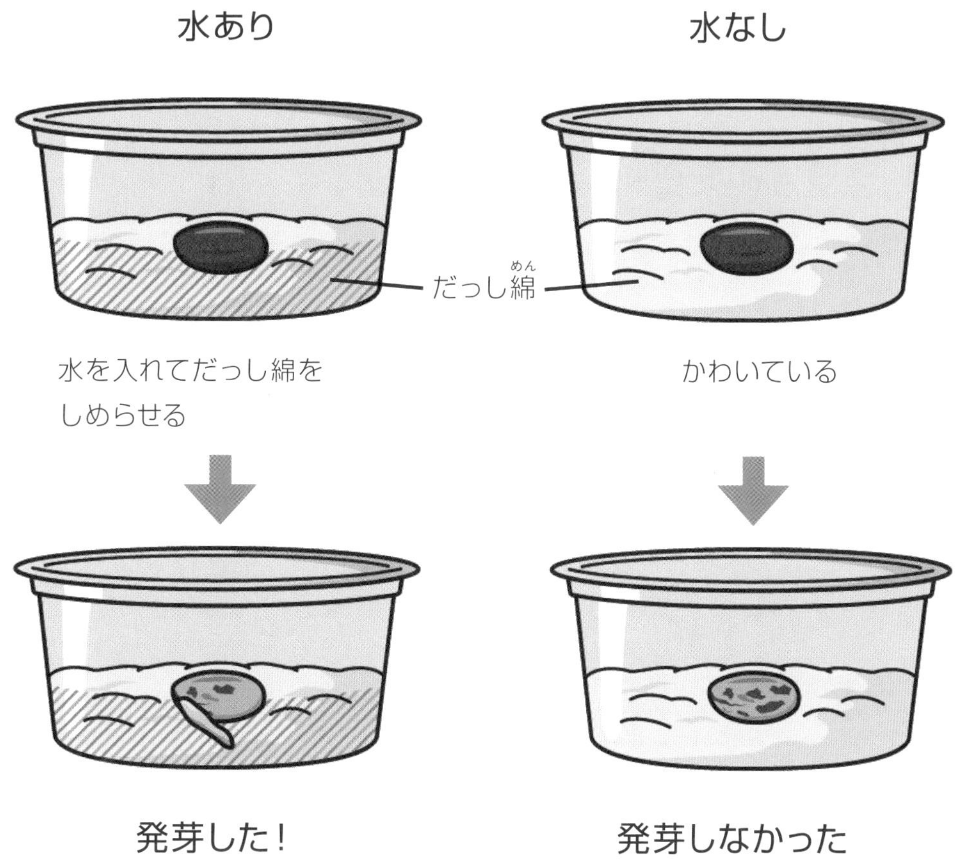

結果　発芽には水が必要だ。

水をしめらせた方のインゲンマメは発芽したけど、水を入れてない方は発芽しなかったね。

肥料はなくても発芽したね。

発芽には水が必要だったが、ほかに何が必要か考えてみよう。

太陽かな。あたたかい方がいいと思う。

人間と同じで空気は必要だと思う。

どうやって調べようか？

空気と温度が必要かどうか調べるにはどうしたらよいでしょうか。

調べたい条件だけを変えて、ほかの条件は変えないことが大事！

・空気のありなしを調べるときは、水と温度の条件は変えないこと。

・温度について調べるときは、水と空気の条件は変えないこと。

変える	変えない！	変えない！
空気あり	温度	水
空気なし	温度	水

発芽(はつが)には空気(くうき)が必要(ひつよう)なのだろうか。

水(みず)と温度(おんど)は2つのカップで同(おな)じ条件(じょうけん)にします。空気のあるなしで、発芽するかどうかを調(しら)べてみましょう。

実験 空気以外(いがい)を同じ条件にして調べる。

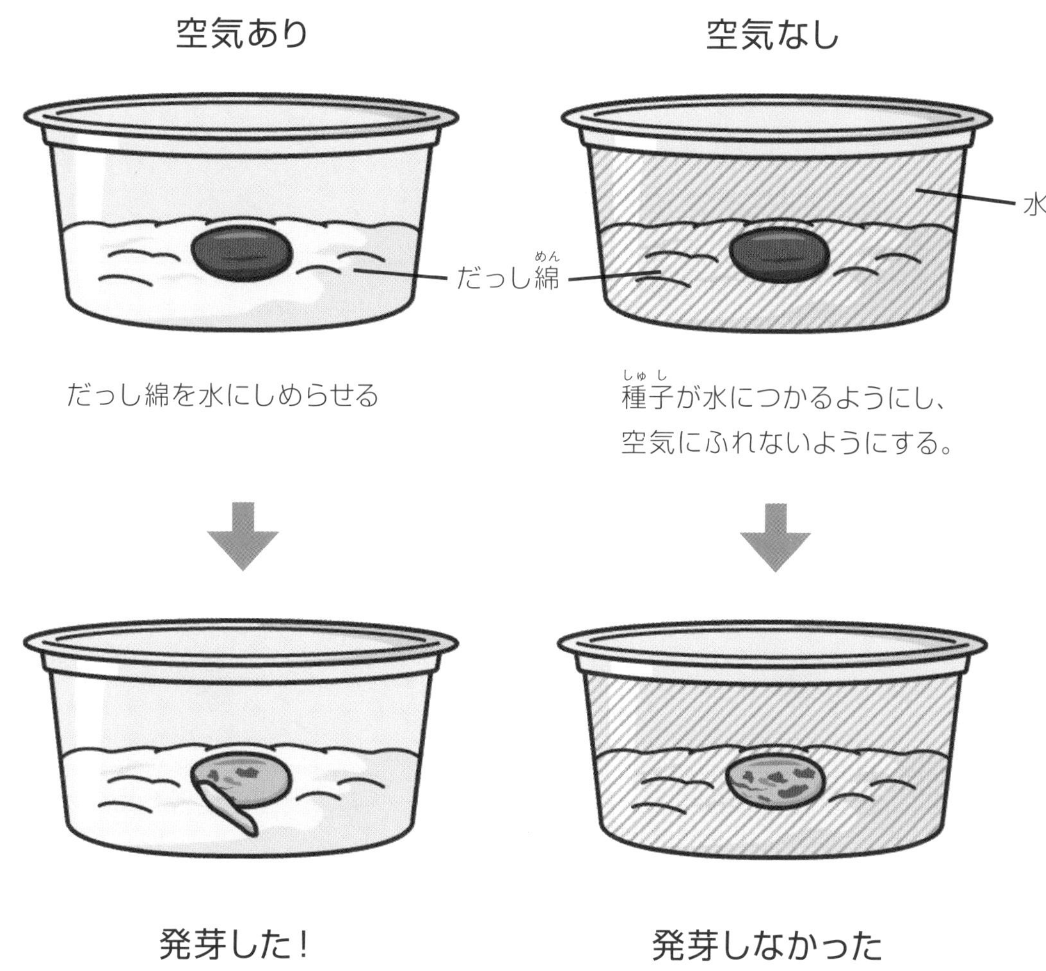
空気あり
空気なし
水
だっし綿(めん)
だっし綿を水にしめらせる
種子(しゅし)が水につかるようにし、
空気にふれないようにする。
発芽した！
発芽しなかった

結果 発芽には空気が必要だ。

発芽には温度も関係するのだろうか。

今度は温度が関係するかどうかを調べたいので、水、空気を同じ条件にします。温度だけを変えて、発芽するかどうか調べてみましょう。

実験　温度以外を同じ条件にして調べる。

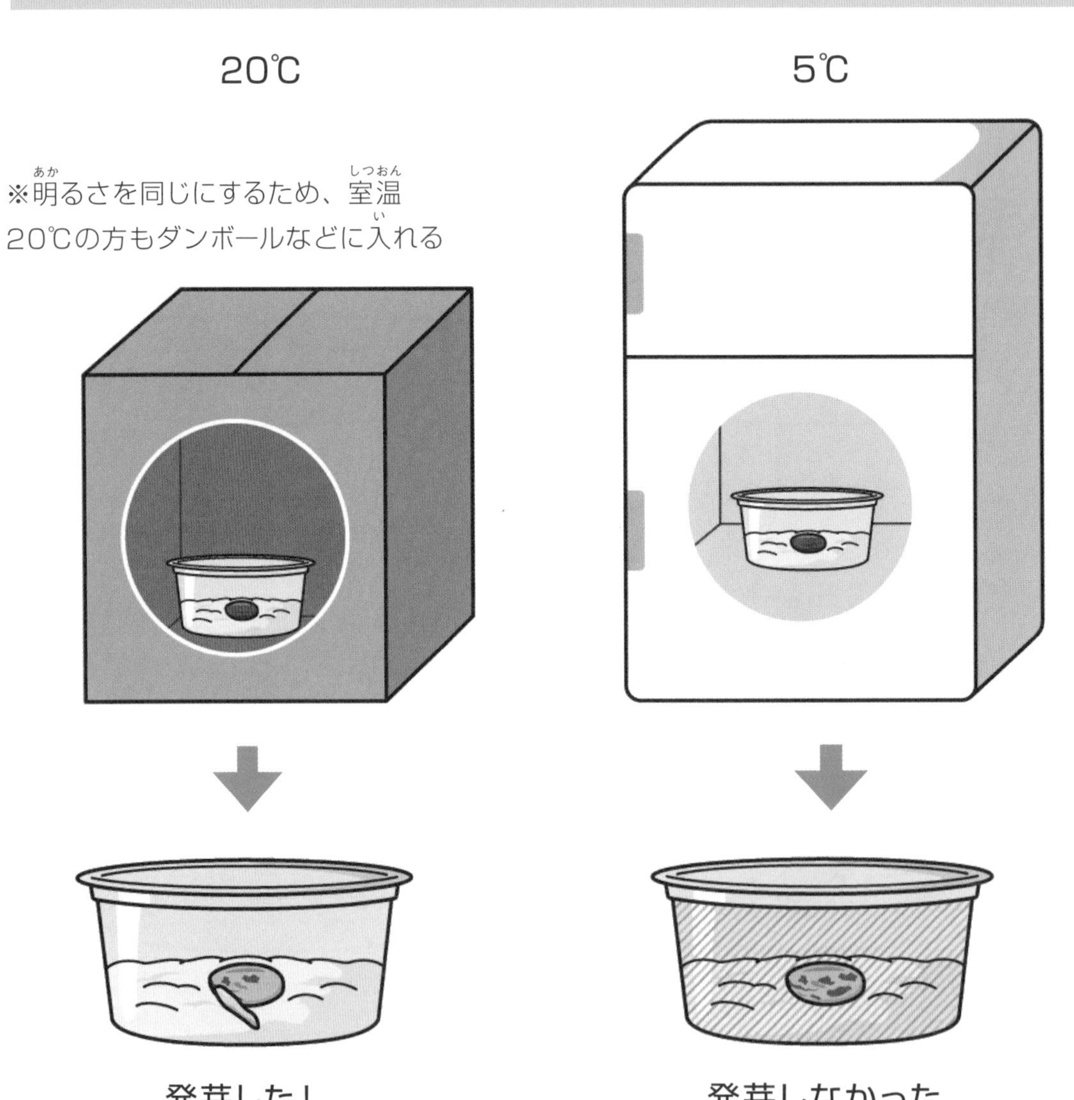

結果　発芽には温度が関係している。

水、空気、温度が発芽の条件なんだね。

調べる条件以外の条件を同じにすることが大事だね。

結論

種子の発芽には、水、空気、適当な温度の３つの条件が必要である。どれか１つでも条件が欠けると、発芽しない。

種子の中に養分がふくまれているのだろうか？

種子が発芽して成長したあと、子葉はしぼんでいきました。
インゲンマメの種子の子葉には、でんぷんという養分がふくまれていて、発芽するときの養分として使われます。

発芽する前のインゲンマメの種子

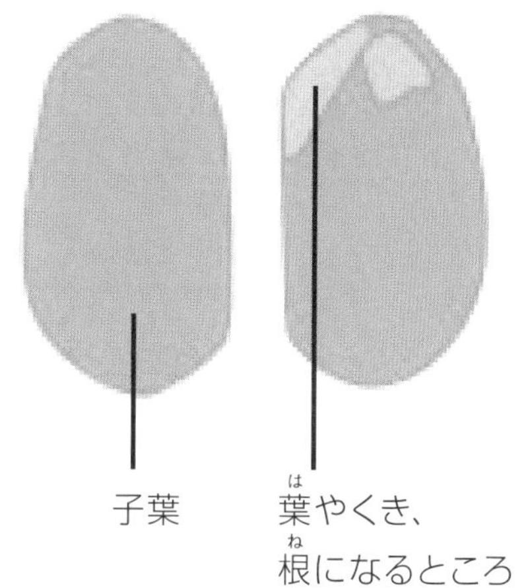

発芽のときに養分が使われたからしぼんでいったんだね。

02

植物の成長

1　成長の条件

植物はどんな条件で成長するのだろうか。

インゲンマメを大きく育てるには、どうしたらよいでしょうか。

水と空気は必要だと思うけど、他に何が必要かな？

日当たりのいいところだと育つ気がするから日光かな。

肥料のありなしも関係していると思う。

植物の成長に日光は必要だろうか。

日光のありなしだけを変えて、水、空気、温度は同じにして条件をそろえます。
2週間育てて、植物の成長のようすを比べてみましょう。

実験　日光以外を同じ条件にして調べる。

日光に当てる

日光に当てない

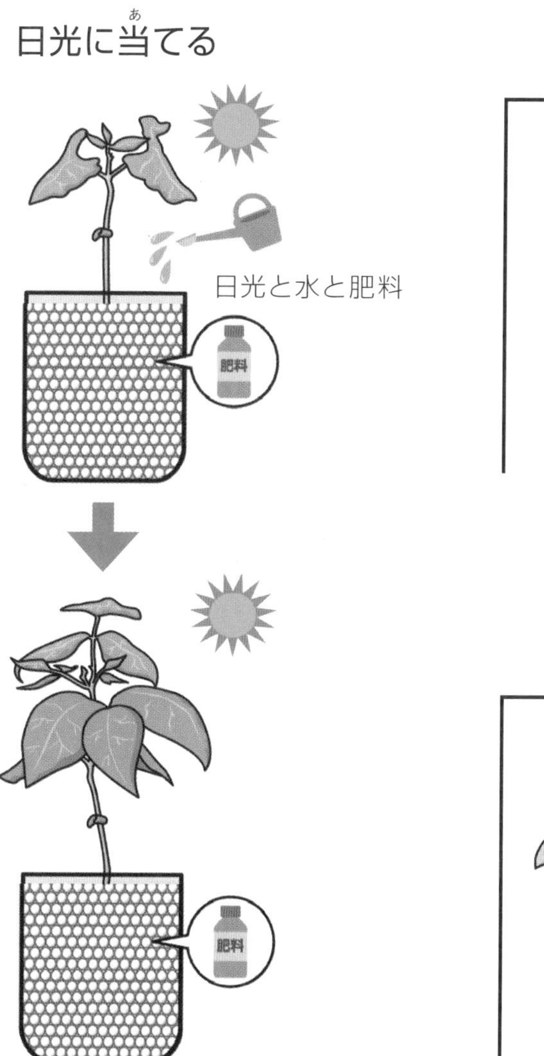

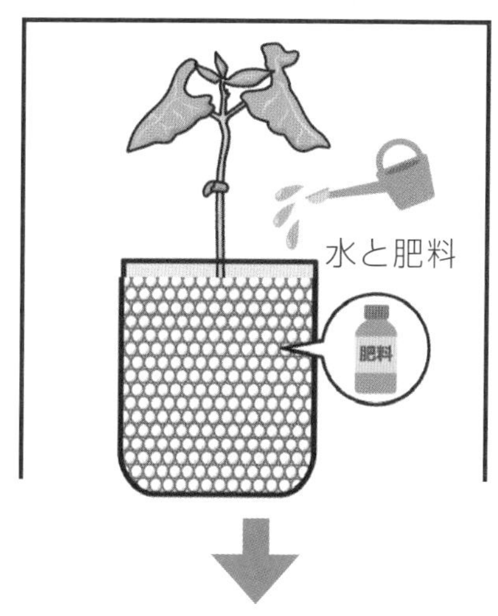

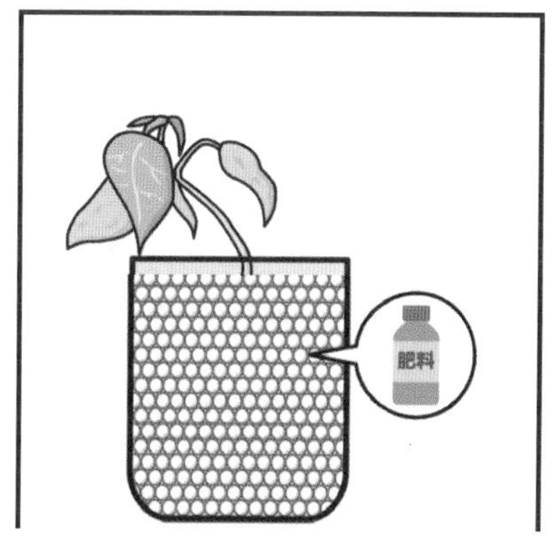

結果　日光に当てる方がよく育った。

植物(しょくぶつ)の成長(せいちょう)に肥料(ひりょう)は必要(ひつよう)だろうか。

今度(こんど)は肥料のありなしについて調(しら)べます。水(みず)、空気(くうき)、温度(おんど)、日光(にっこう)を同(おな)じ条件(じょうけん)にして、植物の成長のようすを比(くら)べてみましょう。

実験　肥料以外を同じ条件にして調べる。

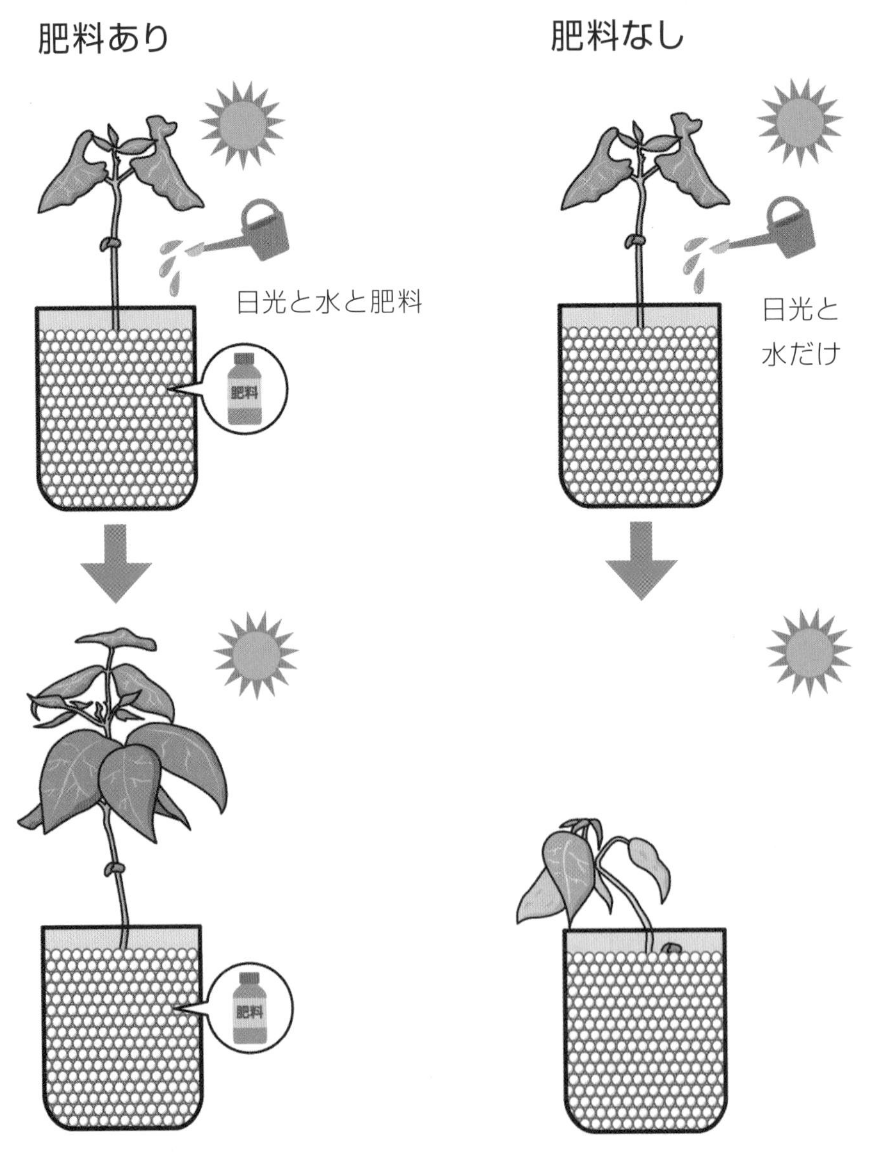

結果　肥料がある方(ほう)がよく育った。

結論

植物に日光を当て、肥料をあたえるとよく成長する。
植物の成長には、日光と肥料が関係している。

植物の成長には、水、空気、適当な温度も必要です。

まとめ

種子の発芽

・水、空気、適当な温度が必要。

インゲンマメの発芽には、日光や肥料は必要なかった。

種子の養分

インゲンマメの種子にはでんぷんが含まれていて、発芽や成長するための養分として使われる。

植物の成長

・日光と肥料があるとよく育つ。
・水、空気、適当な温度も必要。

03

花から実へ

1　実ができるまで

ホウセンカの一生

たね　　子葉が出る　　葉が出る　　葉がしげる
くきがのびる
根がのびる

ホウセンカやインゲンマメ、アサガオ、ヒマワリなどの植物は、成長して花がさいて、そのあとに実ができます。

花がさいたあとに、実ができるんだね。

植物は、たねから子葉が出たあと、葉が出ます。くきも根も伸びて、葉がしげっていきます。花がさいて実ができたあと、やがてかれます。

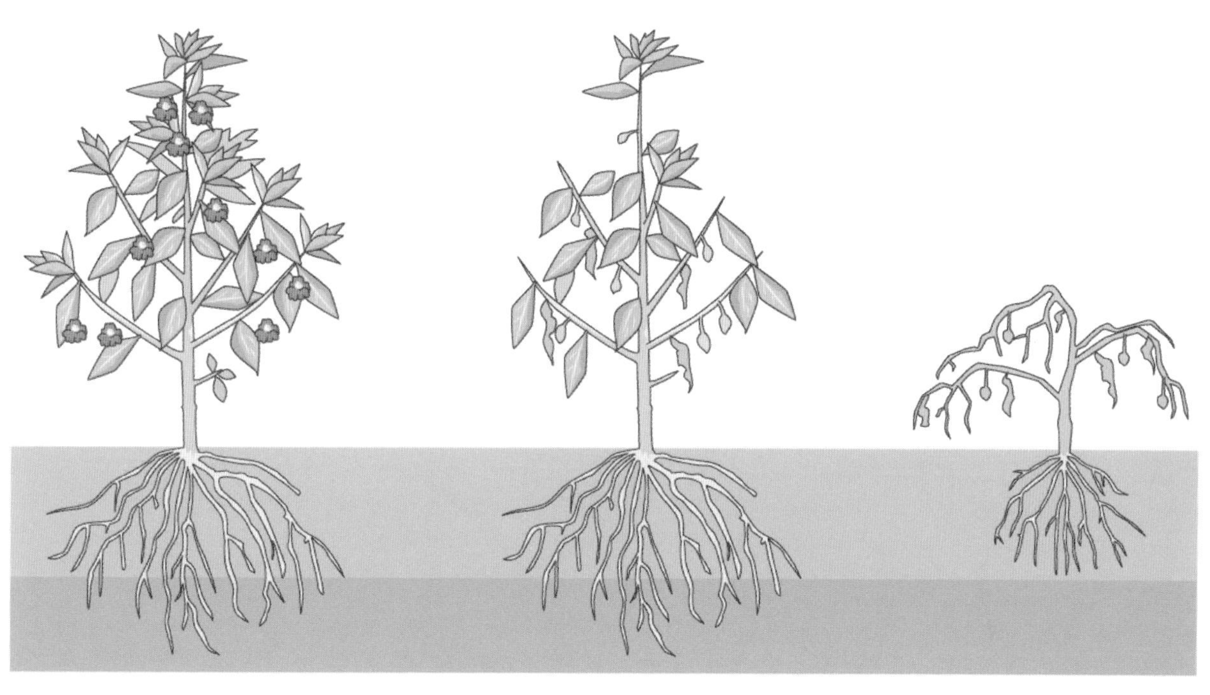

花がさく　　実ができる　　かれる

生き物の一生と同じだね！大切に育てないといけないね。

前の章を参考に、じょうぶに大きく育てたいな。

2　花のつくり

花のつくりを調べてみよう。

アサガオのそれぞれの部分について、図鑑やインターネットで調べて、空欄に書き込みましょう。

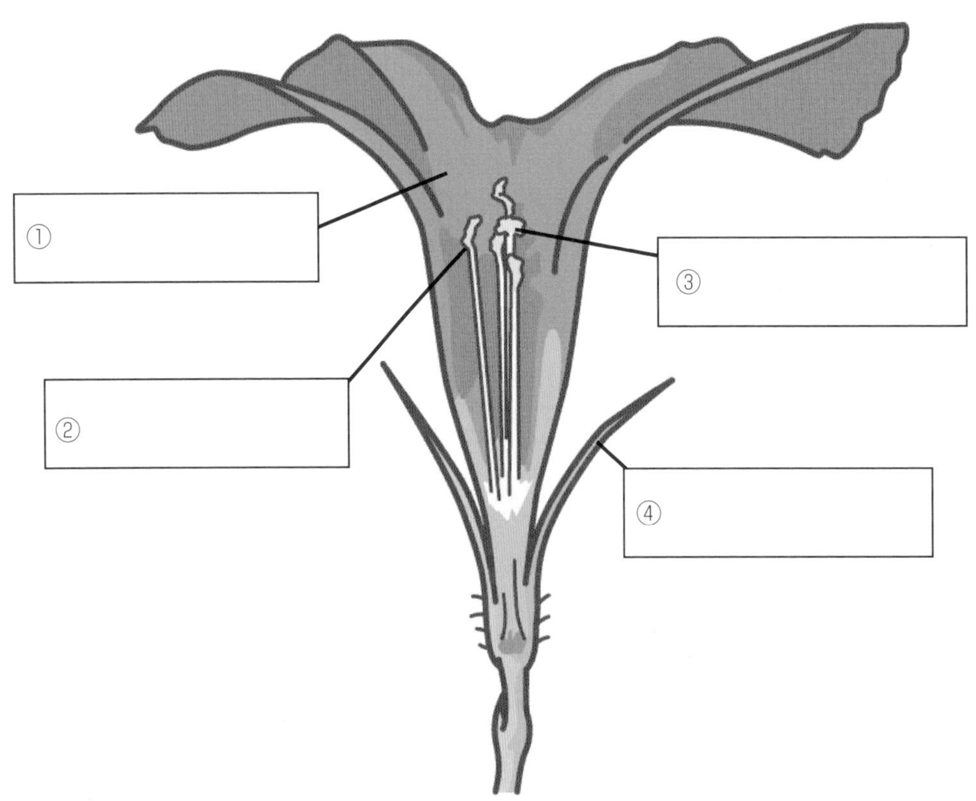

おしべやめしべの先の粉のようなものを、花粉といいます。花粉はおしべでつくられます。アサガオのように一つの花の中におしべとめしべがあるものもあれば、ツルレイシやヘチマなど、別々の花におしべとめしべがある花もあります。

①花びら　②おしべ　③めしべ　④がく

3　受粉して実ができるまで

花粉がめしべの先につくことを、**受粉**といいます。
アサガオは、花が開く直前に受粉し、やがて実ができます。

さまざまな受粉

アサガオは一つの花の中で受粉しますが、虫や風によっておしべの花粉が運ばれて受粉する花もあります。
トウモロコシの花粉は、風で運ばれやすいように軽くなっています。また、鳥や水によって花粉が運ばれて受粉する植物もあります。
温室の中にミツバチの巣箱をおいて、虫が花粉を運ぶことを栽培に利用する農家もあります。

コスモスの花粉は、こん虫の体にくっついて、別の花に運ばれる。

実ができるためには受粉が必要かどうかを、どうやって調べたらいいか考えてみよう。

受粉する花と、受粉しない花の 2 つのパターンで比べられるといいけど、どうやったらいいのかな。

おしべかめしべを取れば、受粉させないようにできそうだ。

実験　アサガオを使って、受粉させるか・させないか以外を同じ条件にして、実ができるか調べる。

受粉させる

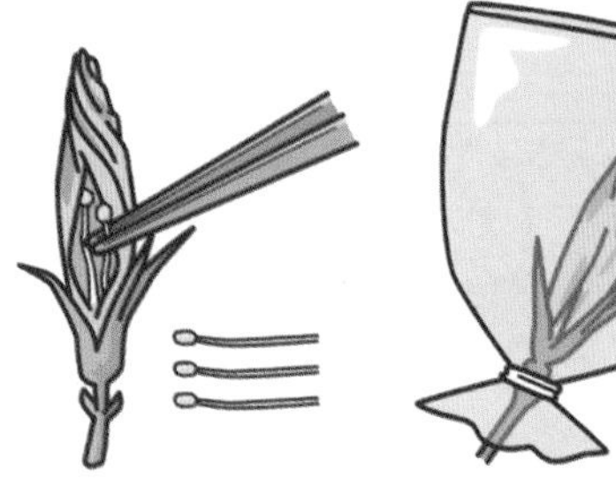

おしべをとる　　ふくろをかける

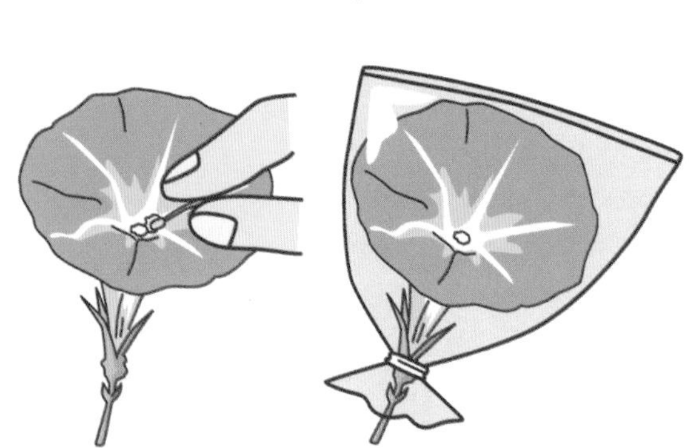

花がさいたら受粉させて、またふくろをかける

受粉させない

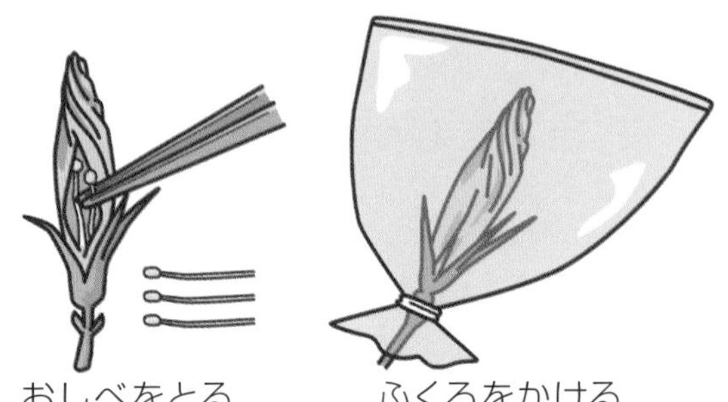

おしべをとる　　ふくろをかける

花がさいても、ふくろをかけたままにする

花がしぼんだあと
実ができたか調べる

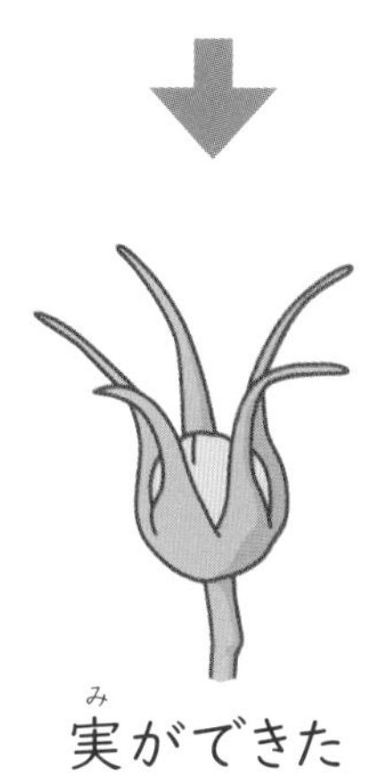

実ができた

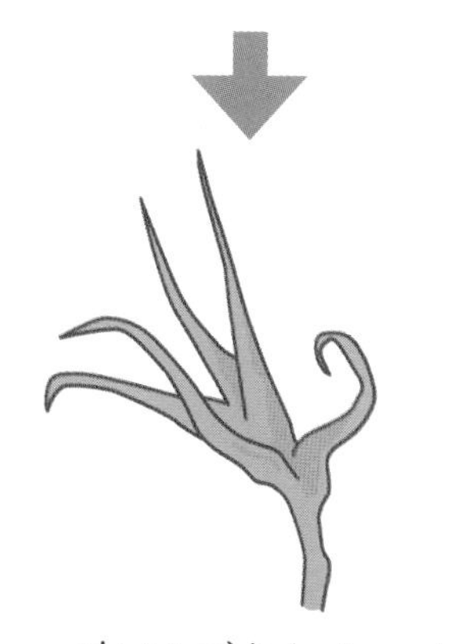

実ができなかった

結果　受粉させた方だけに実ができた

結論

受粉すると、めしべのもとの部分が育って実になる。
実の中には種子がある。

花だけでなく、私たちが食べているトマトやりんごなどにも種子があります。

アサガオ

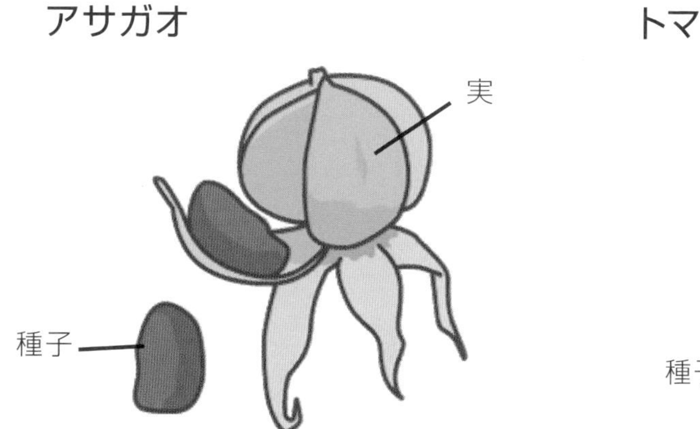

トマト

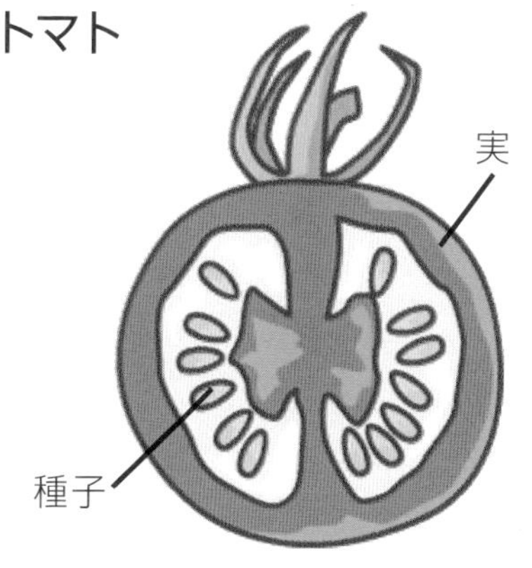

花がさく植物は、種子から育って花をさかせ、実ができて種子をつくることで、生命をつないでいきます。

まとめ

花がさく植物の一生

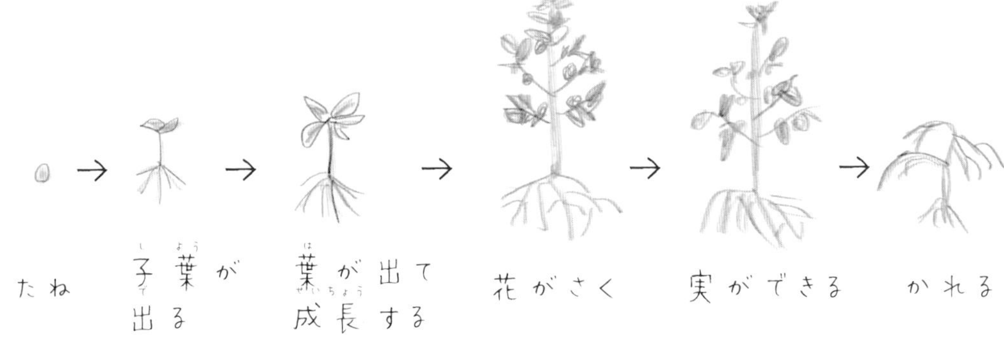

花がさいてから実ができる。

受粉

花粉がめしべの先につくこと

受粉すると実ができる。実の中には種子がある。

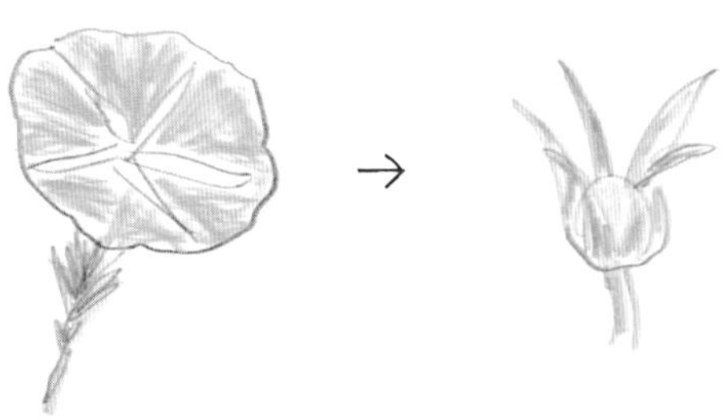

受粉させたアサガオには実ができた。

04

植物の成長と日光・水

1 植物の成長と日光

これまで学習したように、植物は日光が当たる場所で、よく成長しましたね。
日光が当たることで、**でんぷん（養分）**が作られているのでしょうか？

日光が当たると、葉にでんぷんができるのだろうか。

日光に当てる葉と、当てない葉を分けて、、、

ヨウ素液につけたら調べられそうだね。

実験　アルミはくをかぶせて、日光と葉にできるでんぷんを調べる。

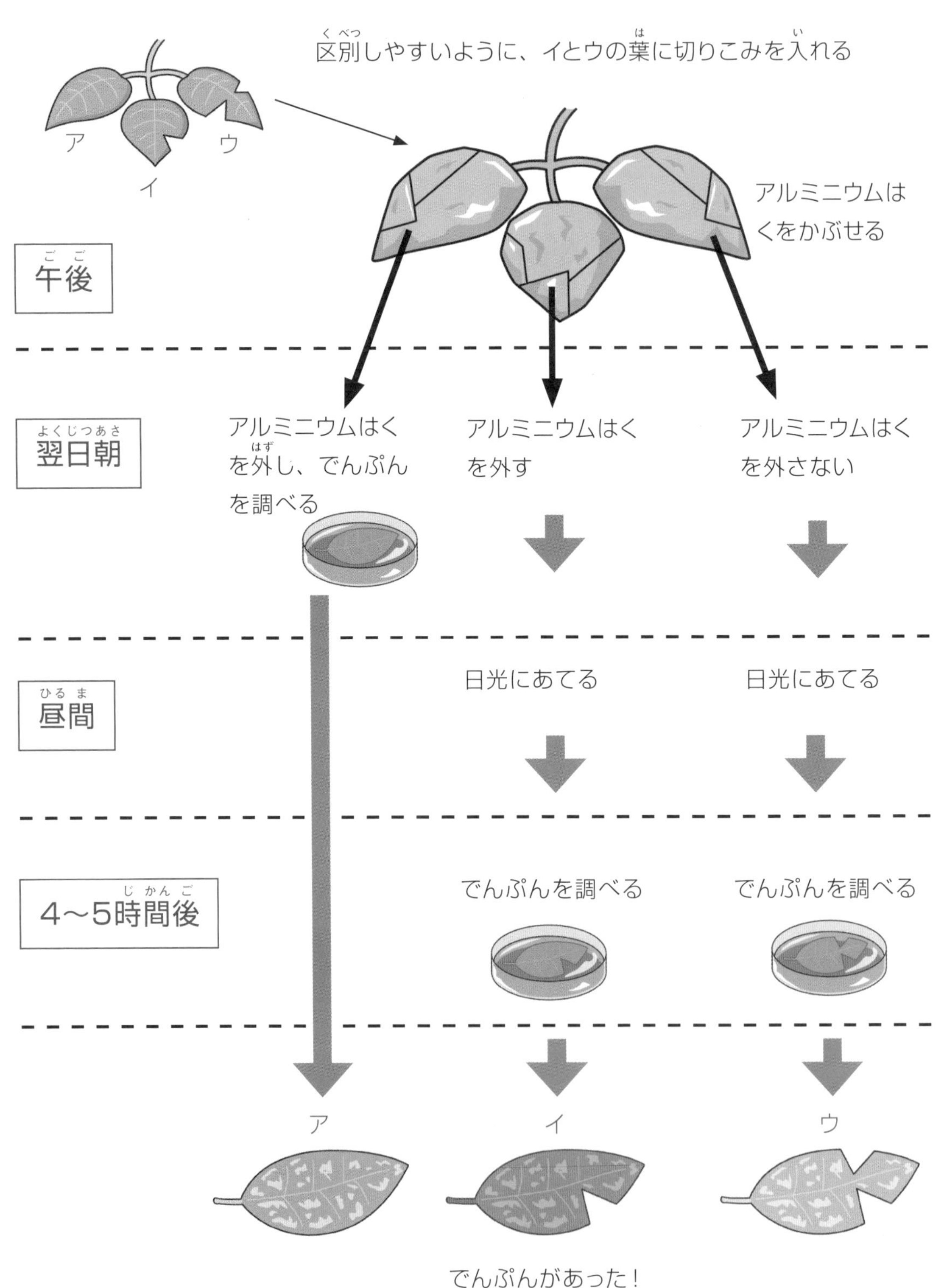

■葉は、湯でにて水で洗ってから、ヨウ素液につけましょう。

結論

植物の葉に日光が当たると、でんぷん（養分）がつくられる。

光のエネルギーを使い、でんぷんなどの養分を作ることを光合成といいます。

2　植物の成長と水

植物を育てる時に水をあげますね。また、しおれてしまった鉢植えの植物に水をあげると元に戻ることがあります。植物は水を吸っているようですね。

植物が取り入れた水は、どのようにいきわたるのだろうか。

実験　水に色をつけて、通り道を調べる。

①ホウセンカの根を洗う。
②三角フラスコに染色液を入れ、根を水にひたす。水面の位置がわかるように印をつける。
③数時間後、根・くき・葉の色や水面の位置の変化を観察する。
④根・くき・葉を切って、切り口のようすを観察する。

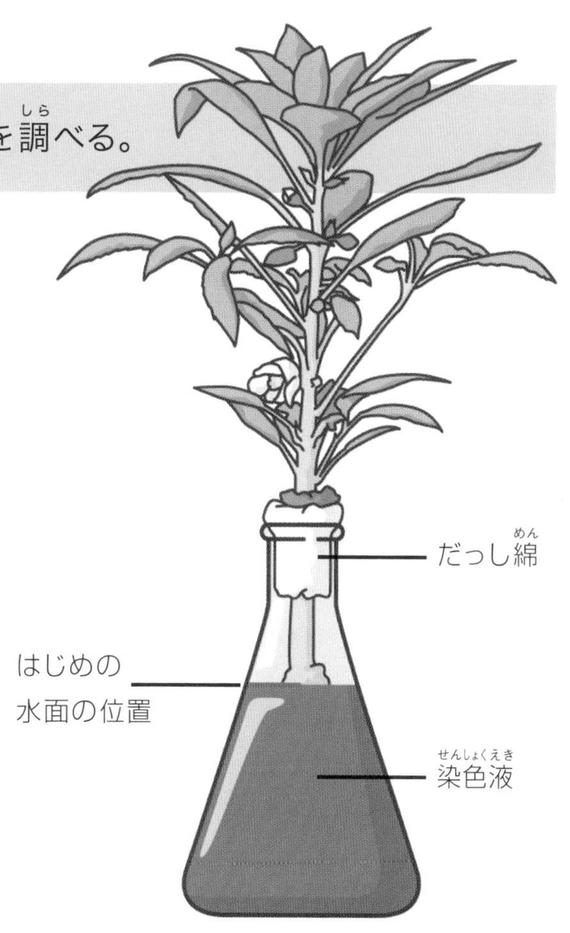

結果

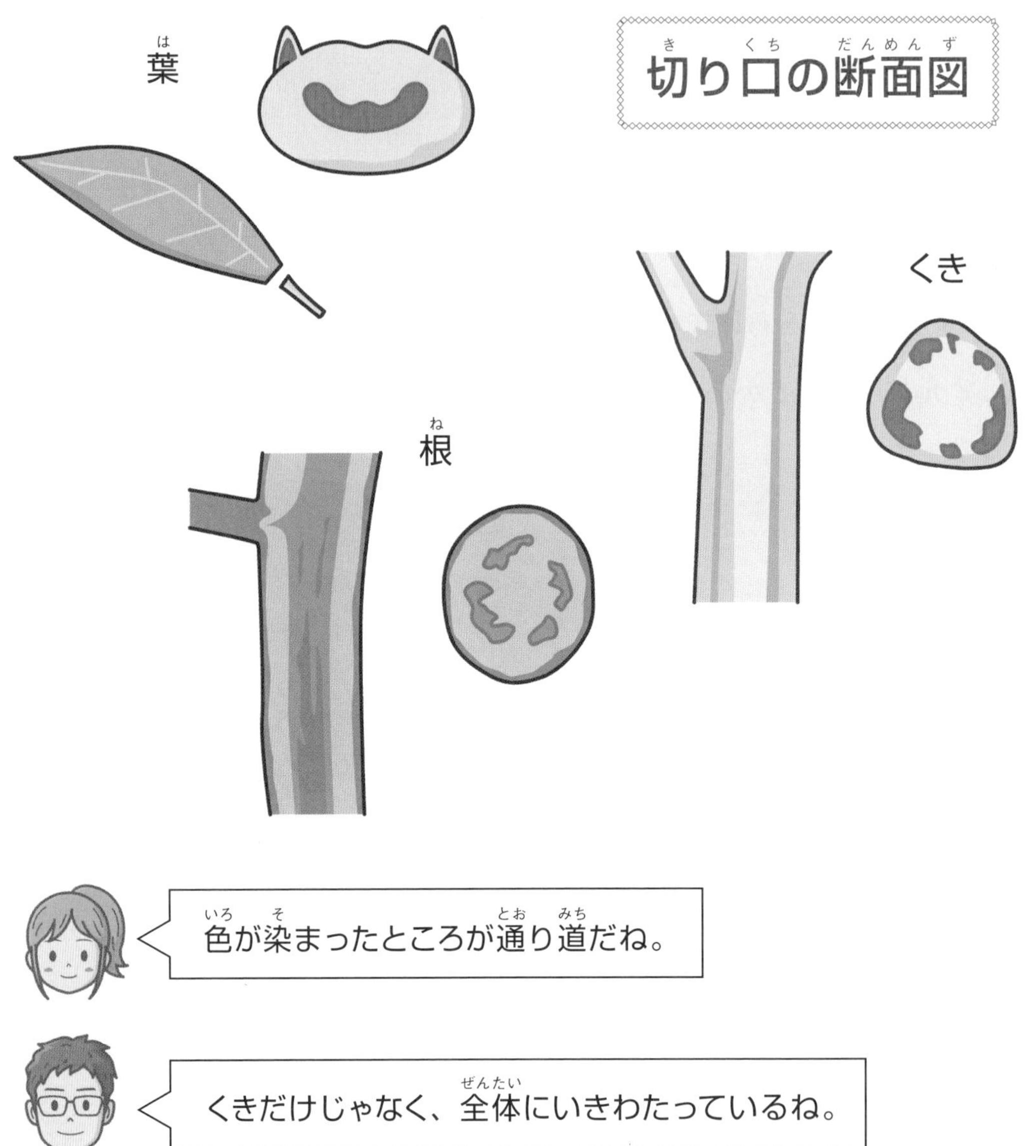

色が染まったところが通り道だね。

くきだけじゃなく、全体にいきわたっているね。

結論

根からくき、葉へ続く水の通り道がある。根から取り入れられた水は、植物の体のすみずみまでいきわたる。

葉までいきわたった水は、どうなるのだろうか。

葉をつけたままのホウセンカと、葉を取ったホウセンカにビニール袋をかけて観察してみましょう。

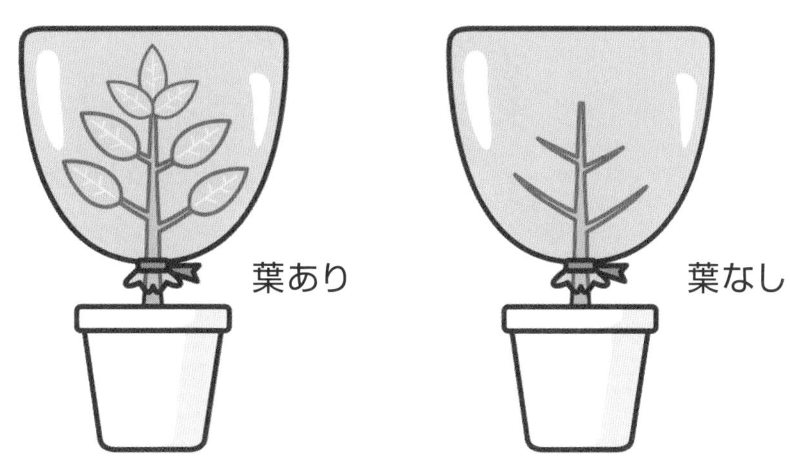

葉をつけた方は袋の内側にたくさん水滴がついていたが、葉のない方はほとんど水滴がついていませんでした。水は葉から空気中に出ているようです。

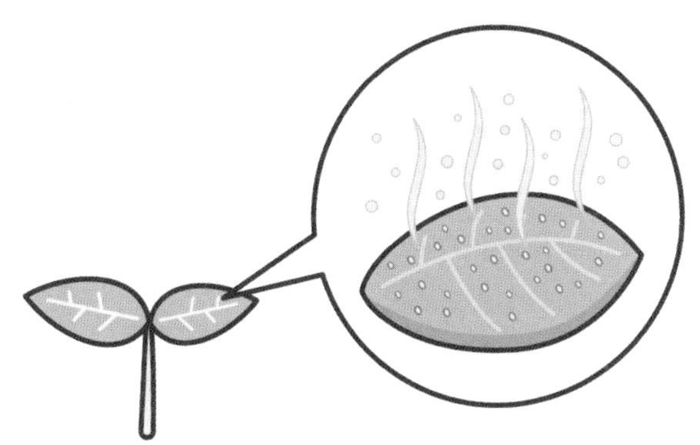

葉の表面にはたくさんの小さな穴があり、その穴を**気孔**といいます。

結論

根から取り入れられた水は、おもに葉のから水蒸気として出ていく。これを**蒸散**という。

3　植物と私たちのくらし

野菜や観葉植物を育ててみよう

野菜

野菜をプランター菜園で育ててみましょう。種をまいて実ができるまで、ふだん食べている野菜を自分の手で育ててみると、学んだことに実感が持てるでしょう。

観葉植物

観葉植物を育ててみるのもよいでしょう。植物の発芽や成長には何が必要か、日光に当てたり、水やりをすることで、生き物を育てることについて学べます。

私の家ではパキラを育てているよ。

ぼくは家でミニトマトを育てようと思う！

まとめ

植物と日光

植物は日光をあびると葉に養分ができる。

養分は植物の栄養になる。

蒸散

葉

くき

根

植物と水

水は根から吸い上げられて、すみずみまでいきわたる。いきわたった水は、葉から水蒸気として出ていく＝蒸散。

05

魚の誕生

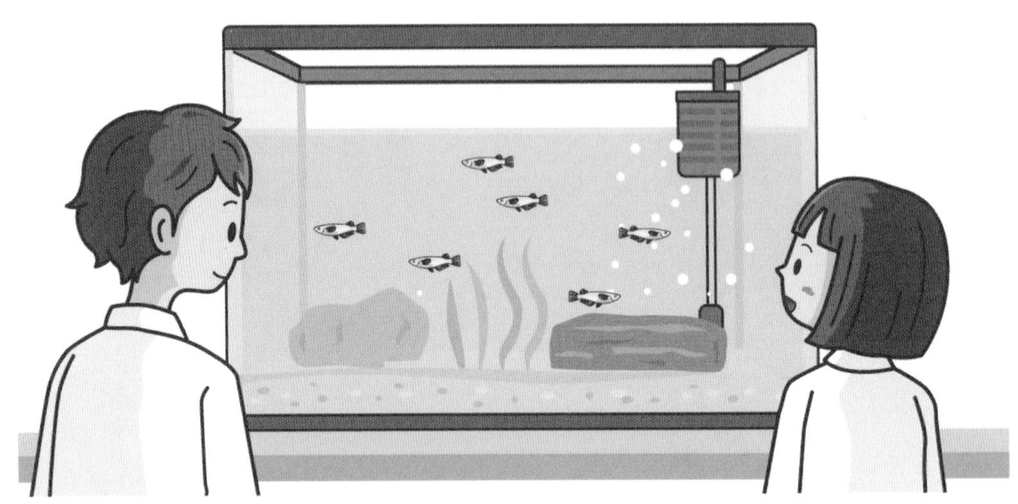

1 メダカのおすとめす

おすとめすのちがいを観察して見分けよう。

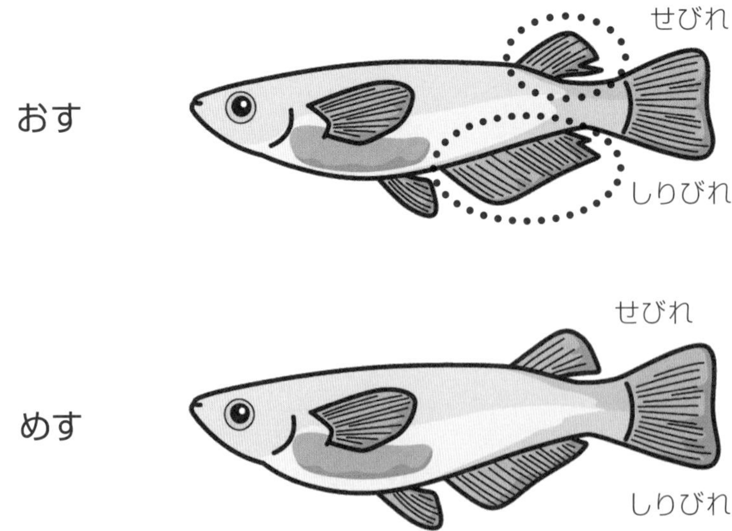

おすは、せびれに切れこみがある。また、しりびれのはばがめすよりも広い。

2　受精

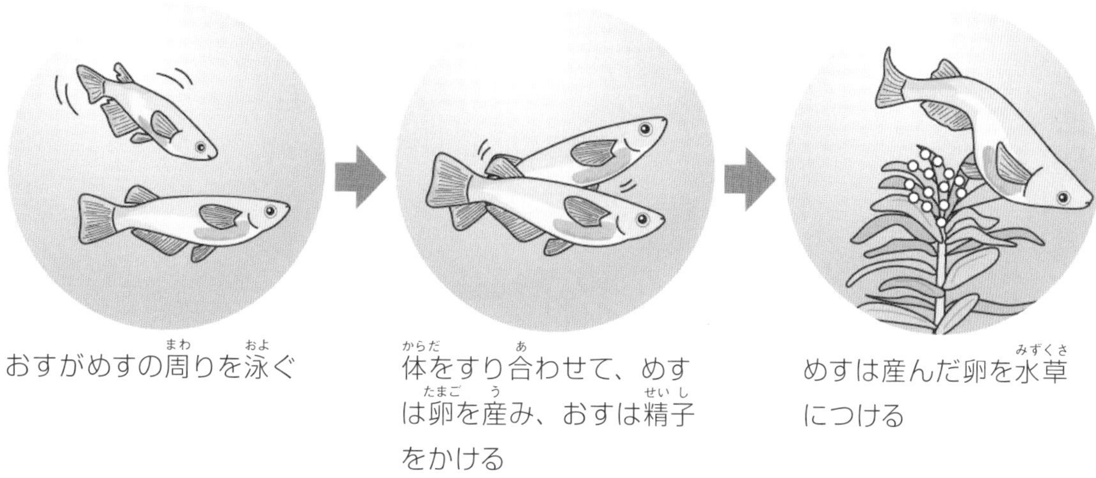

おすがめすの周りを泳ぐ

体をすり合わせて、めすは卵を産み、おすは精子をかける

めすは産んだ卵を水草につける

めすが産んだ卵と、おすが出す精子が結びつくと、生命が誕生して、卵は育ち始めます。卵と精子が結びつくことを**受精**といい、受精した卵のことを**受精卵**といいます。

植物がおしべとめしべで受粉するのに似ているね。

3　卵の変化

どうやって卵から子メダカになるのだろう？

栄養はどうなってるのかな？

植物は種子の中に養分があったよね。

卵の中の変化

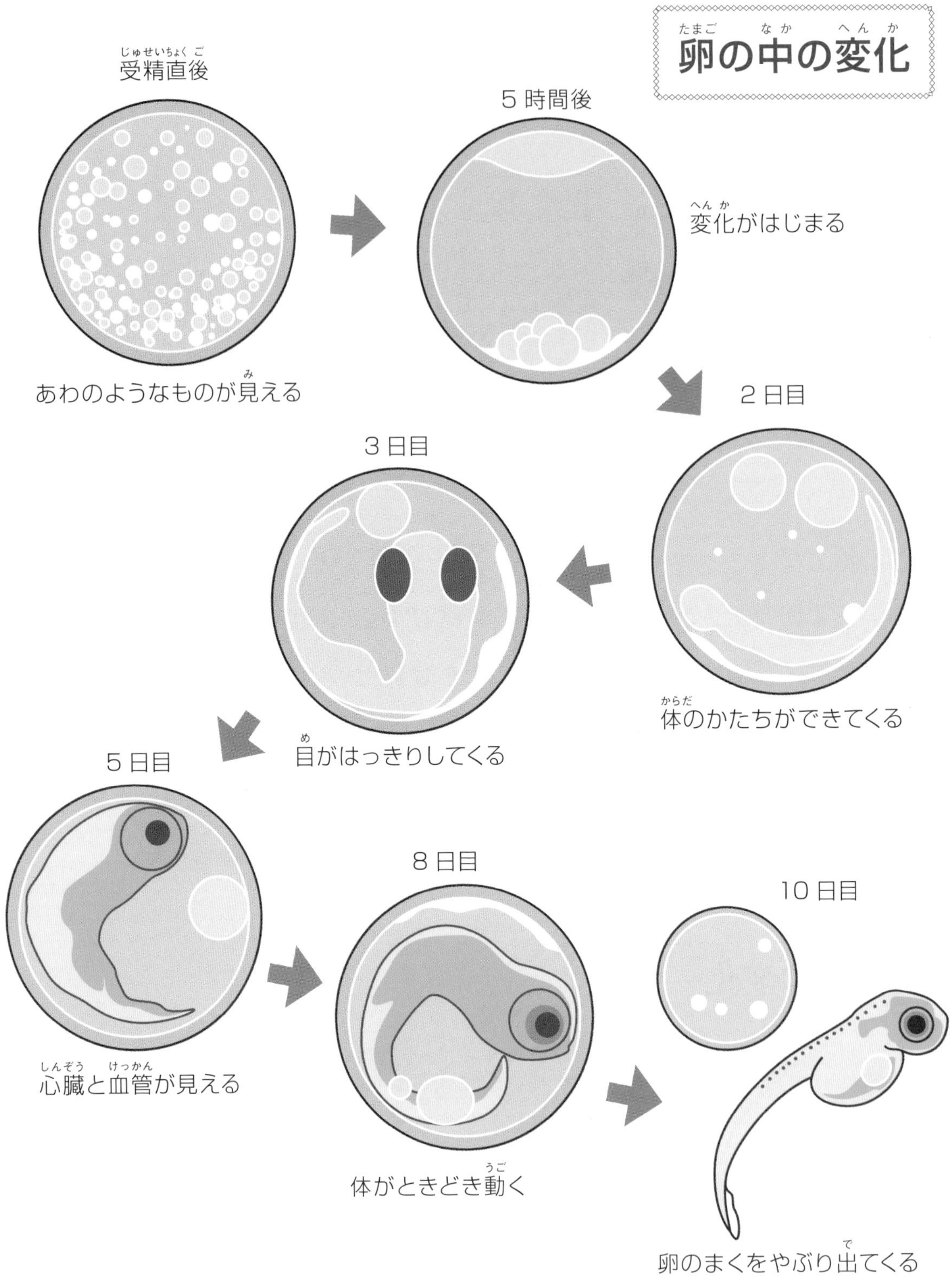
受精直後
あわのようなものが見える
5時間後
変化がはじまる
2日目
体のかたちができてくる
3日目
目がはっきりしてくる
5日目
心臓と血管が見える
8日目
体がときどき動く
10日目
卵のまくをやぶり出てくる

卵の中でだんだんと変化して、やがて卵のまくをやぶって子メダカが出てきます。

メダカは、卵の中にふくまれている養分を使って成長します。

結論

メダカは、卵の中の養分で成長する。また、まくをやぶり出てきたばかりの子メダカは、しばらくの間、はらの中にある養分を使って育つ。

まとめ

● メダカ

卵の中の養分で成長する。

● 植物と魚の誕生

アサガオ	メダカ
おしべの花粉がめしべの先につく	おすが出す精子とめすの卵が結びつく
受粉	受精

06

人の体のつくりとはたらき

1 呼吸

私たちは、空気を吸ったりはいたりしています。人間は、吸う時に空気中の酸素の一部を取り入れて、はく時に二酸化炭素を出しています。

どうやって酸素を取り入れたり、二酸化炭素を出しているのだろうか。

口や鼻から空気をはくよね？

吸うときも同じだね。あと、胸のあたりがふくらむね。

鼻や口から入った空気は、**気管**を通って**肺**に入ります。空気中の酸素の一部は、肺の血管を流れる血液中に取り入れられます。また、血液中の二酸化炭素は、気管を通って、鼻や口からはく空気の中に出されます。酸素を取り入れ、二酸化炭素を出すことを、**呼吸**といいます。

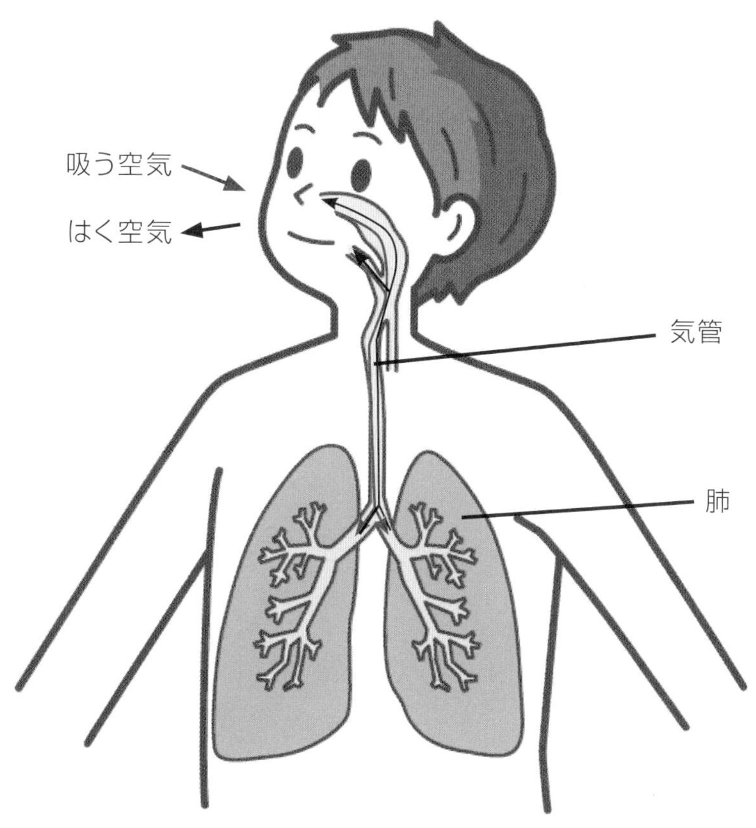

肺で血液に取り入れられた酸素は、どこへ行くのだろうか。

酸素が血液に取り入れられるということは、そのまま体じゅうに運ばれていくと思う。

心臓にも、指先にも酸素が運ばれるのかな？

2　体の中をめぐる血液

血液は、心臓の動きによって、全身の血管に流れます。血管は、体のすみずみにはりめぐらされ、血液を全身に運んでいます。

肺で血液に取り入られらた酸素も、全身に運ばれていきます。

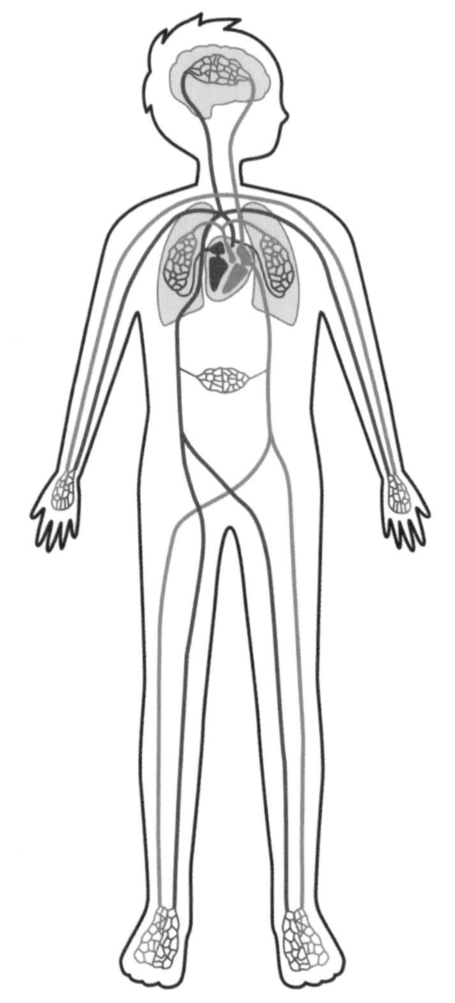

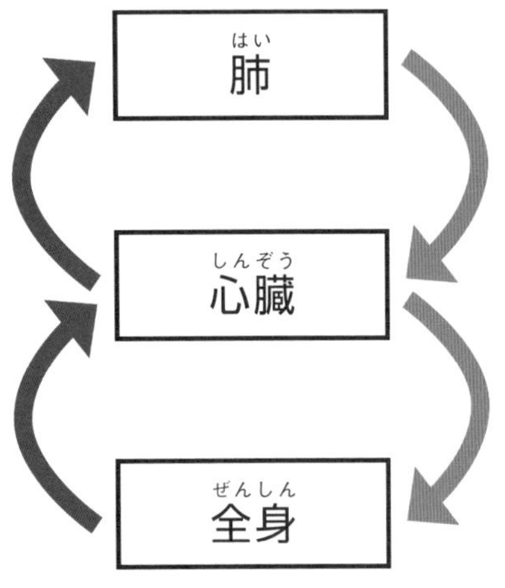

結論

血液は、心臓から送り出されて、血管を通り全身に運ばれる。

肺で血液中に取り入れられた酸素も、全身に運ばれる。

血液は、全身に酸素や養分を運び、また二酸化炭素や不要なものを受け取る。血液が全身をめぐることを、**血液のじゅんかん**という。

3 食べ物の消化と吸収

口からは、空気だけではなく、食べ物も体内に取り入れていますね。

食べ物は、口の中でだ液とまざると、どうなるのだろうか。

食べ物を食べると、口の中でだ液とまざって、体に取り込まれやすい養分に変化します。養分とは、生物にとって必要な栄養となる成分です。

インゲンマメもメダカも、養分を取っていたね。

食べ物をかみくだいて細かくしたり、だ液のはたらきで体に吸収されやすい養分に変えたりするはららきを、**消化**といいます。

消化は胃でも行われるよ

消化されやすいから、よくかんで食べた方がいいんだね！

食べ物は、体の中でどのように運ばれるのだろうか。

おなかがふくれるから胃に運ばれて、、、

うんちになって出ていくよね。

酸素と同じように、血液で運ばれるのかな？

口から入った食べ物は、**食道**、**胃**、**小腸**、**大腸**を通って、残ったものがこう門から便として出ます。口から始まりこう門に終わる食べ物の通り道を、**消化管**といいます。

食べ物は口で消化されたあと、胃や小腸でさらに消化され、吸収されやすい養分に変化します。

食べ物の消化

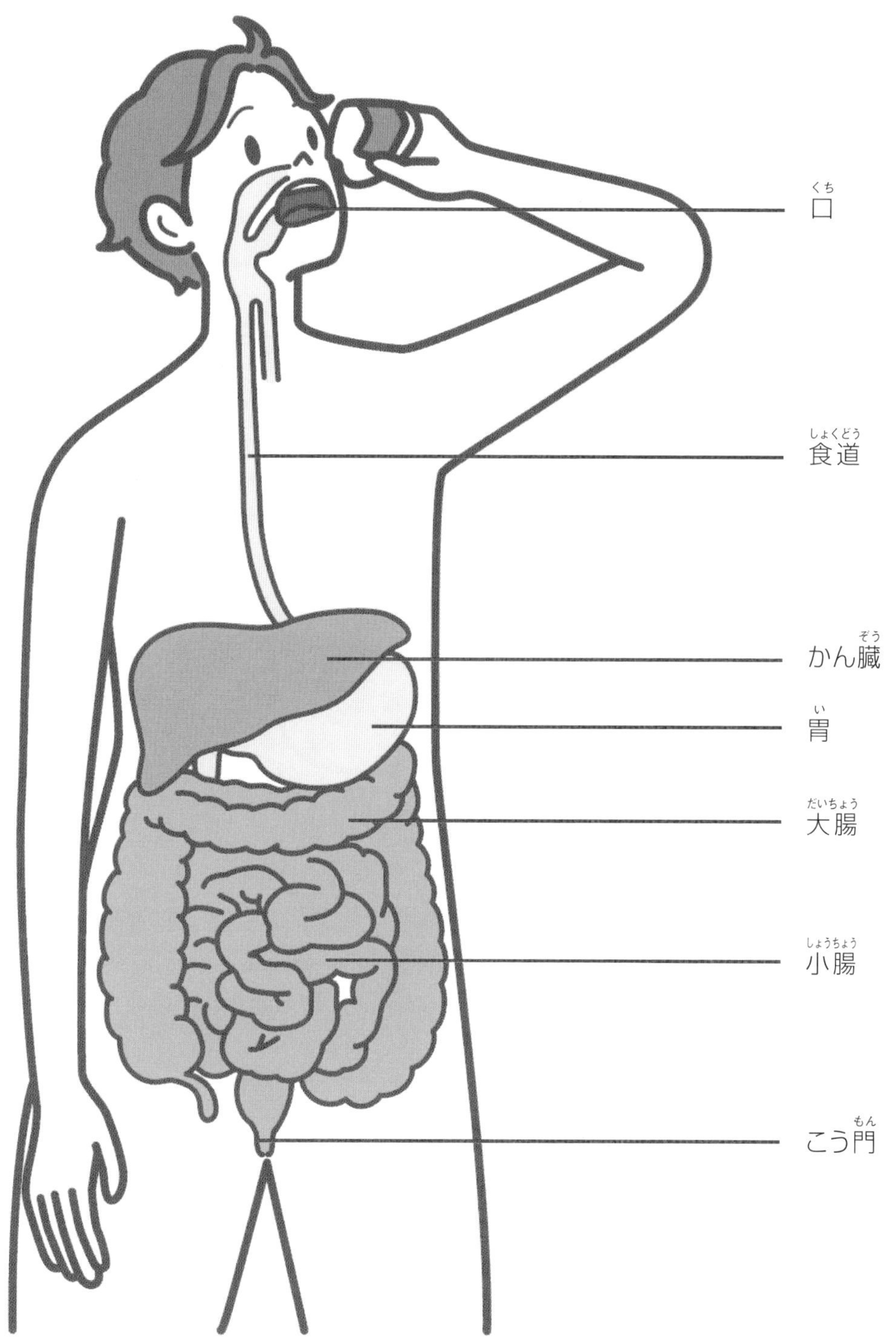

消化された食べ物の養分は、おもに小腸で吸収されます。そして小腸の血管から血液に吸収され、全身に運ばれます。血液によって、養分の一部は**かん臓**に運ばれます。かん臓でたくわえられた養分は、必要な時に使われます。吸収されなかったものは、大腸に運ばれて、便としてこう門から体の外に出されます。

体をめぐる養分

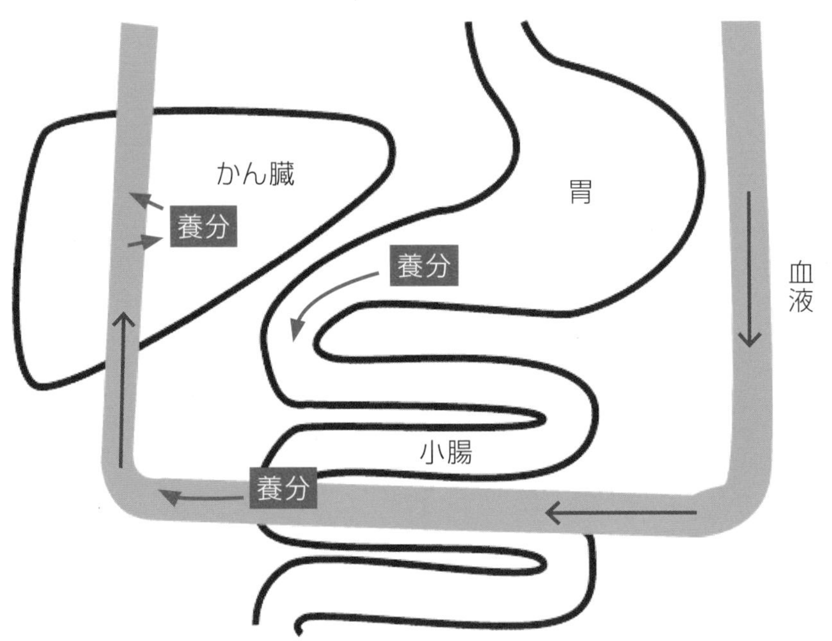

結論

食べ物は、消化管の中を運ばれながら消化され、小腸で養分が吸収される。小腸で血液中に吸収された養分は、全身に運ばれる。養分の一部はかん臓でたくわえられ、必要な時に使われる。

4　臓器のはたらき

体の中には、生きるために必要なさまざまなはたらきをする臓器があります。

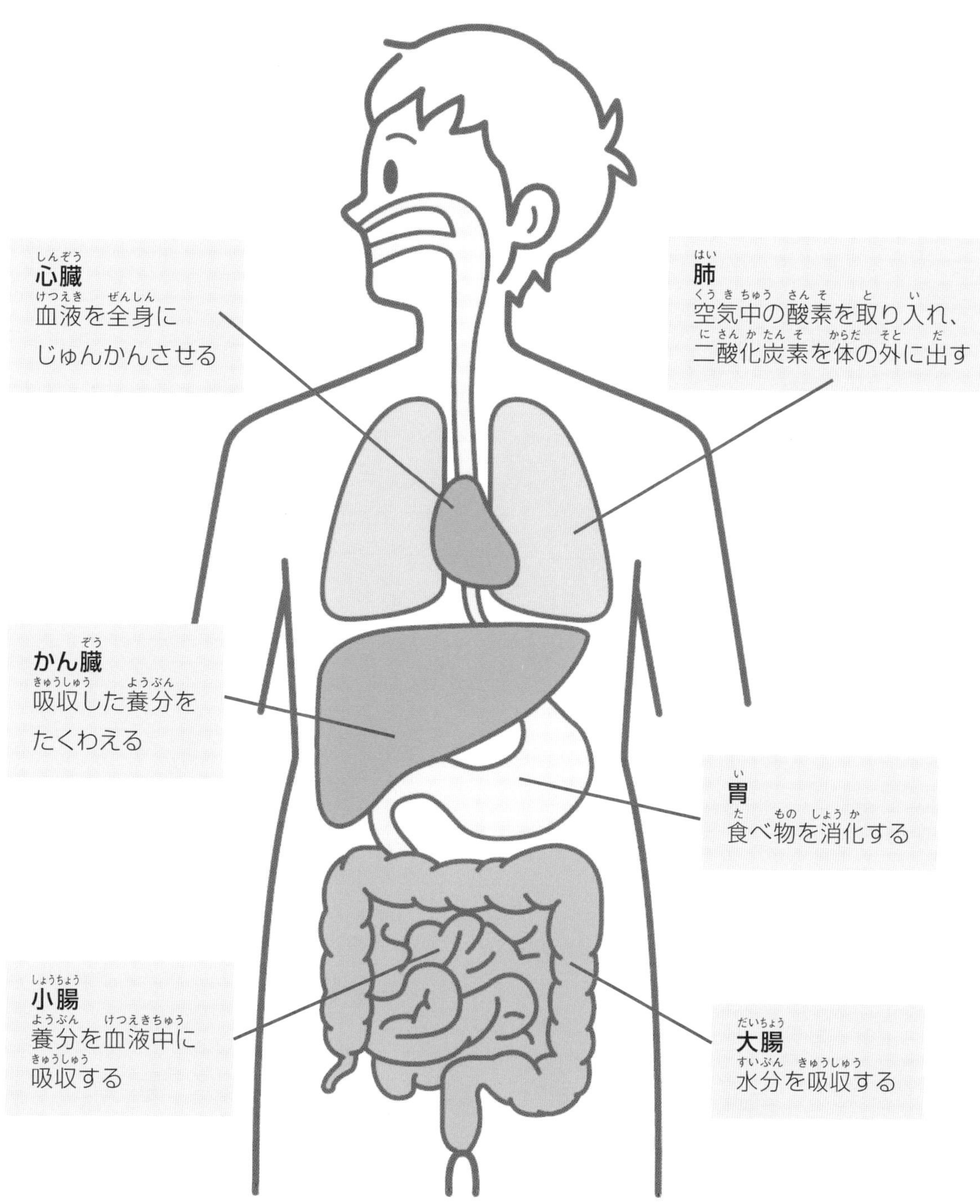

心臓
血液を全身にじゅんかんさせる
肺
空気中の酸素を取り入れ、二酸化炭素を体の外に出す
かん臓
吸収した養分をたくわえる
胃
食べ物を消化する
小腸
養分を血液中に吸収する
大腸
水分を吸収する

まとめ

呼吸
人間は呼吸することで、酸素を取り入れ、二酸化炭素を出す。

酸素
酸素は、血液に取り入れられ、全身に運ばれる。

食べ物
食べ物にふくまれる養分は、消化されて体に取り入れやすく変化する。養分は血液に取りこまれて全身に運ばれる。

臓器
体の中では、生きるために必要なさまざまな臓器がはたらいてる。

07

生物と環境

1 食物連鎖

食卓にならぶサンマは、海にいた時は何を食べていたのだろうか。

小さい魚を食べてるのかな？

海そうとかクラゲを食べてるのかな？

自分の考え

サンマはオキアミを食べ、サメや海鳥に食べられます。生物は、「食べる・食べられる」という関係で１本のくさりのようにつながっています。このようなつながりを、**食物連鎖**といいます。

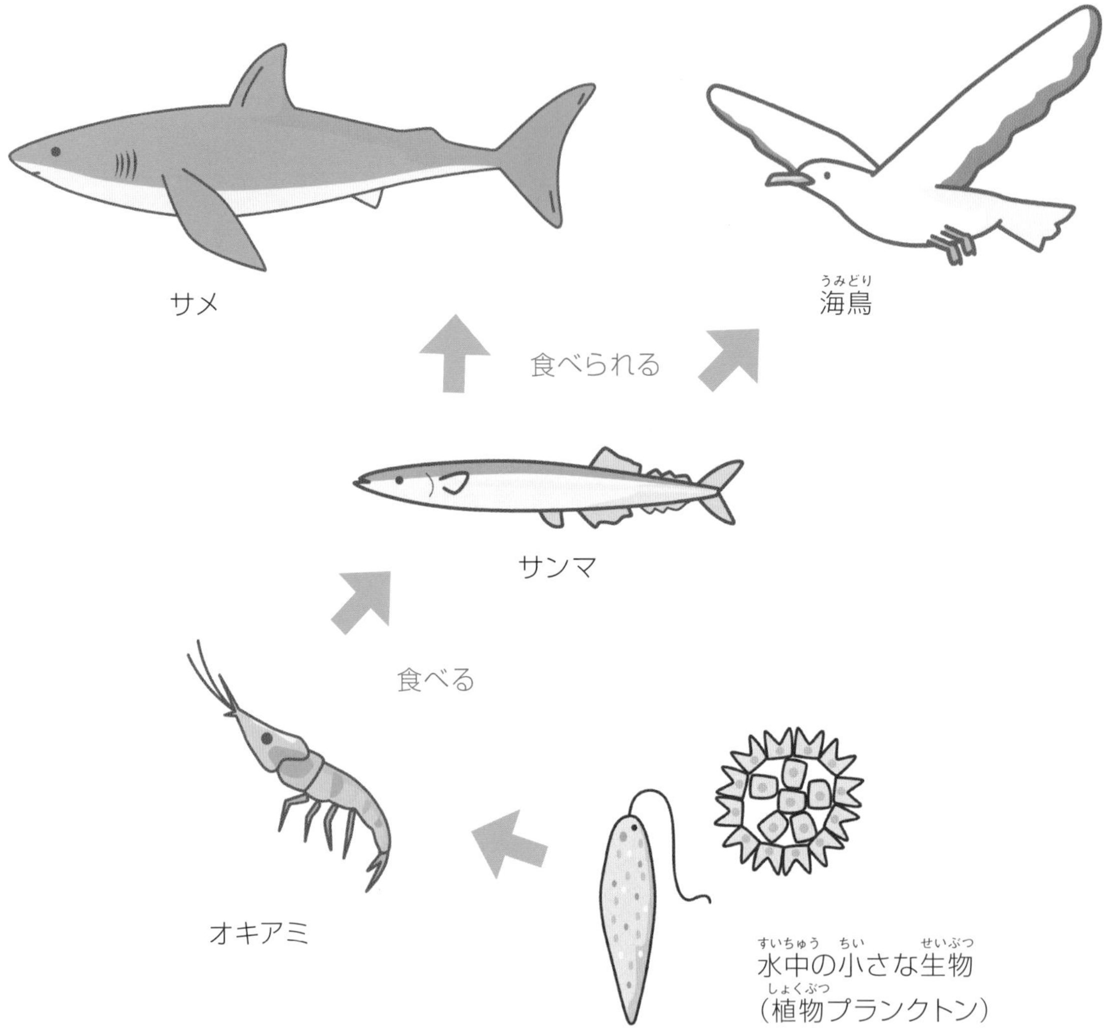

サメ

海鳥

食べられる

サンマ

食べる

オキアミ

水中の小さな生物
（植物プランクトン）

生物はみんな、ほかの生物を食べているんだね。

養分ができる植物を食べるところからはじまるんだね。

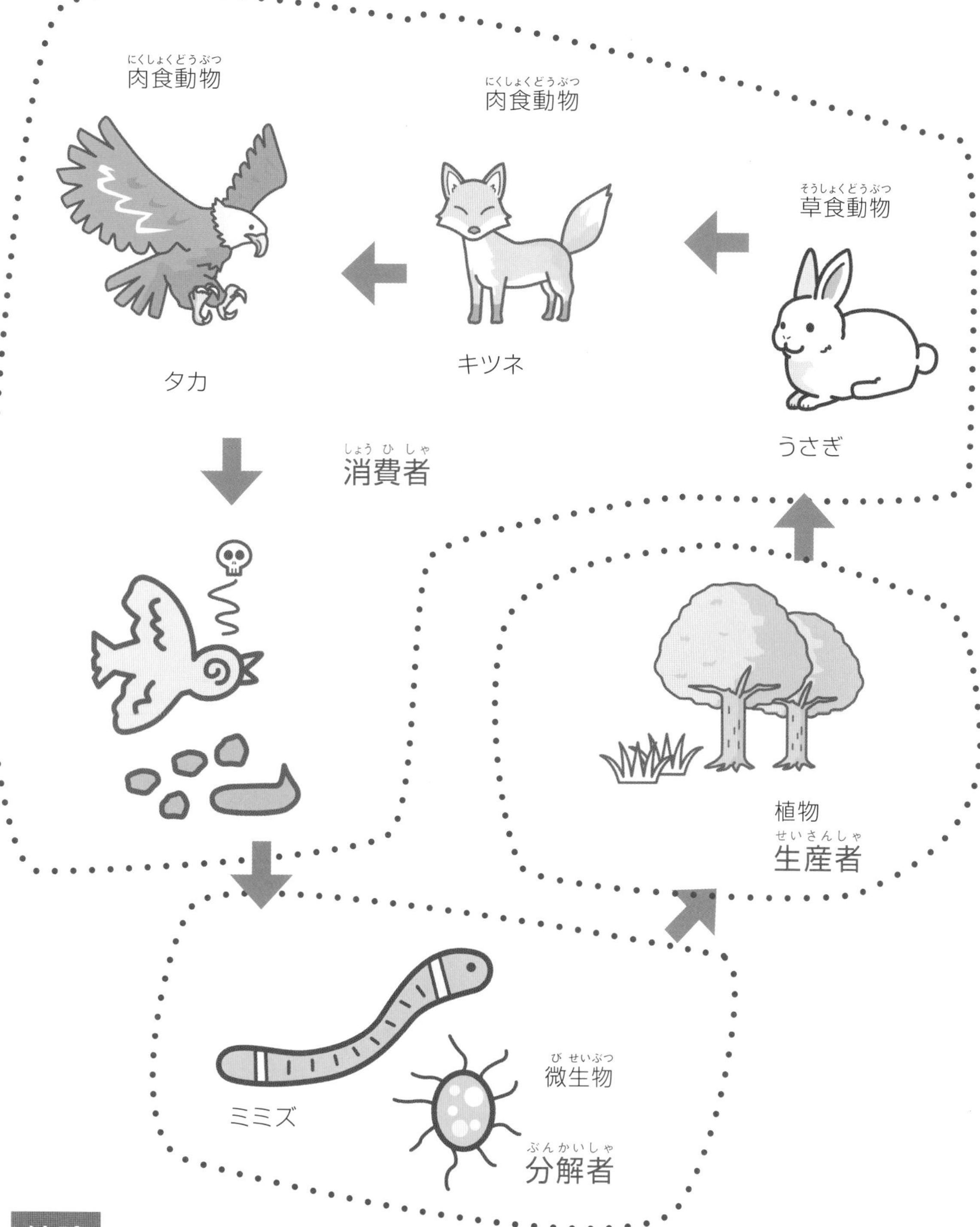

結論

生物同士は「食べる・食べられる」という関係でつながっている。これを食物連鎖という。

2 生物と空気・水

人間などの動物は、呼吸をして  を取り入れ、

 を出します。

34ページを参考にして書きこもう

植物も呼吸をしているのでだろうか。
また何を出し入れしているのだろうか。

人間と同じように呼吸してるのかな。

植物の発芽や成長には空気が欠かせなかったよね。

日光が当たると、二酸化炭素を取り入れ、酸素を出す

①酸素　②二酸化炭素

結論

植物も動物と同じように、呼吸をして酸素を取り入れ、二酸化炭素を出す。ただし、**日光に当たると、植物は二酸化炭素を取り入れて、酸素を出す。**

私たちも、植物が作り出した酸素を呼吸で取り入れて生きている。

植物が減ったら、酸素も減っちゃうね。

植物にも動物にも空気は欠かせないものなんだね。

では、人間にとって水はどのような存在なのだろうか。

植物は、発芽や成長に水が必要だったよね。

人間や動物にとっても絶対に必要なものだと思う。

私たちの体にはたくさんの水がふくまれています。

水は、直接飲むだけではなく、食べ物にもふくまれています。また、出る時は尿としてだけではなく、汗や呼吸の時にはいた空気にも水がふくまれています。

水は、養分を運んだり不要なものを出すはたらきをしています。

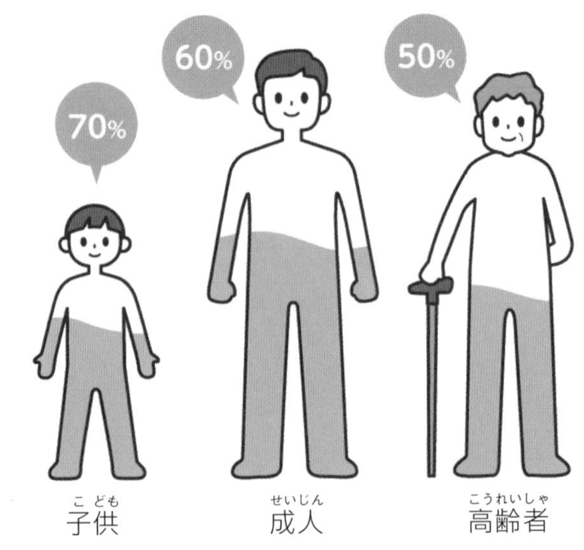

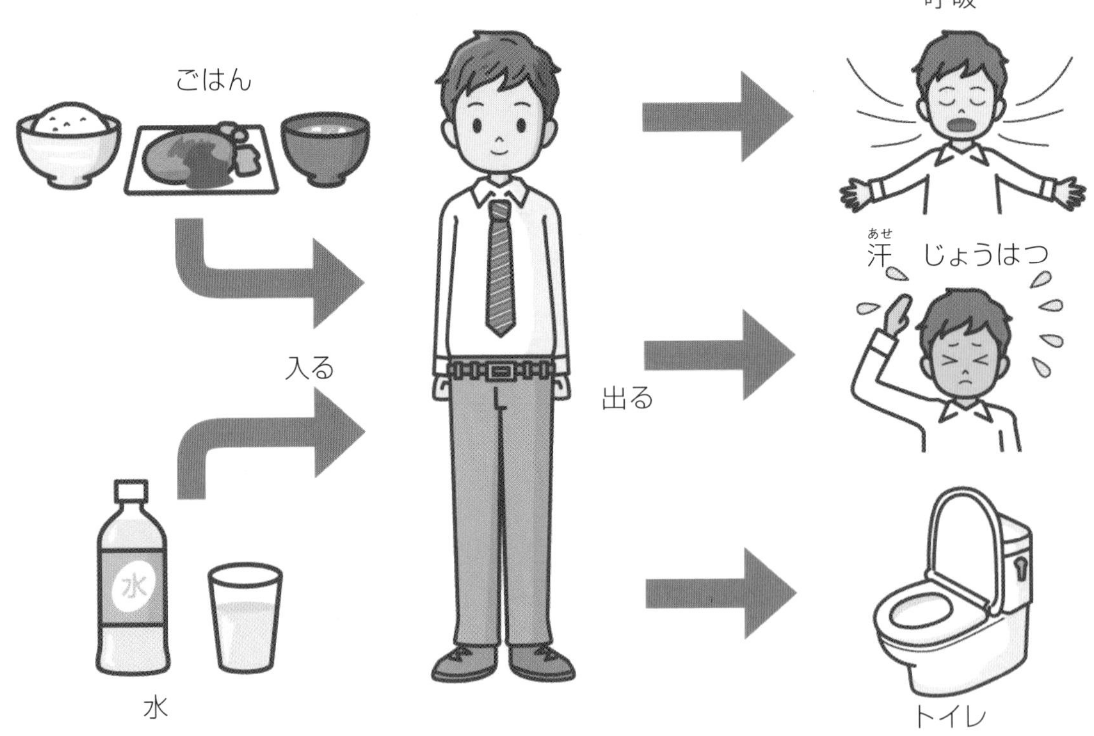

結論

水も、空気と同じように体を出たり入ったりしている。水は、生物が生きていくのに、欠かすことができないものである。

3 人は、環境と関わり生活している

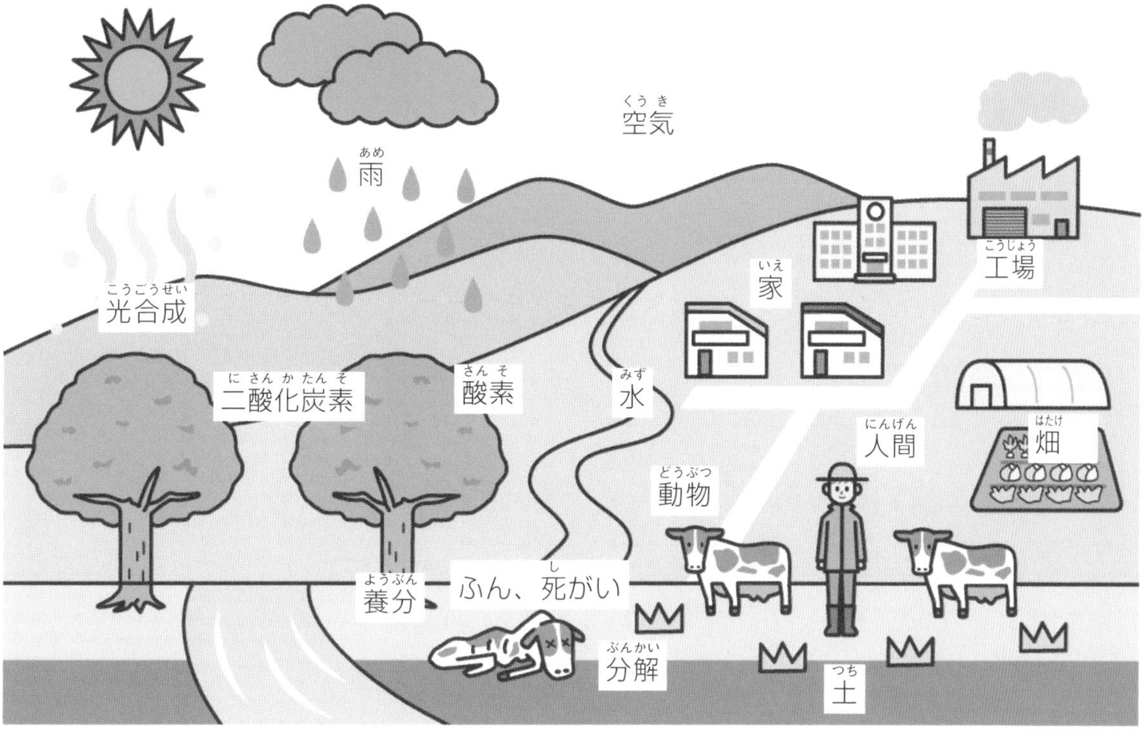

空気
雨
工場
家
光合成
二酸化炭素
酸素
水
人間
畑
動物
養分
ふん、死がい
分解
土

私たちは、太陽や空気や水、土、ほかの生物や植物などの環境とかかわり合って生活しています。水は生物が飲むだけではなく、農業や工業などにも利用されています。

どれかがなくなったら、うまくいかなくなりそうだね。

わりばしや家具を作るのに木を切って使ってるけど、、、。

森がなくなったら酸素もへっちゃうのかな。

まとめ

●食物連鎖

生物は「食べる・食べられる」という関係でつながっている。

●生物と空気・水

・植物も人間や動物と同じように呼吸している。

・人間を含めた生物は、水がないと生きていけない。

●人と環境

・人は、地球上のさまざまな環境と関わりあって生きている。

・水は、飲む以外にも、農業や工業などにも利用されている。

2

地球・自然

01

流れる水のはたらき

1　流れる水のはたらき

流れる水はどんなはたらきをするのだろうか。

土の山を作り、みぞを作って上から水を流してみましょう。

人工的に川を作るわけだね！

動画にとると流れのちがいが分かりやすそうだね。

かたむきが急な所やゆるい所も作ろう。

かたむきが急な所・ゆるやかな所、カーブの外側・内側によって流れ方のちがいを観察してみましょう。

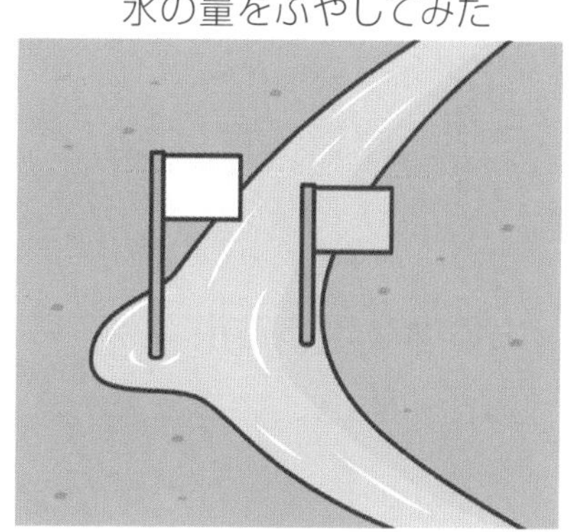

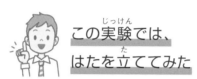

この実験では、はたを立ててみた

流す水の量を増やしたらどうなるか、ちがいを観察してみよう。

流れが速くなったね。

外側のけずれるのが大きくなったよ。

砂・コンクリートなど、いろいろな所にも水を流して観察してみましょう。

結論

流れる水には、地面をけずったり、土や石を運んだり、積もらせたりするはたらきがある。流れが速いと、けずったり運んだりするはたらきが大きくなり、流れがゆるやかな所では、流された土や石が積もる。

2 川の変化と水の量

流れる場所によって、川にはどのようなちがいがあるのだろうか。

山の中を流れる川
流れが速い。川の両端はがけになっている。大きく角ばった石が多い。
平地に流れ出た川
流れはゆるやか。山の中の川に比べると、小さく丸い石が多い。
流れる水のはたらきで、石が割れたりけずられたりして形を変えたんだね。

雨の降り方によって、流れる水の速さや量は変わります。
増水によって、土地のようすが大きく変化する場合があります。
雨が降ると、平地の方に押し流される石や砂も多くなるんだね。
川の水は、生活用水や、農業・工業などにも利用されます。私たちの生活に欠かせないものです。
平地を流れる川
流れはとてもゆるやか。川原が広がっている。小さくて丸い石や砂が多い。
大雨の時は川の水が増えて、あぶないよね。土砂崩れとかも怖いね。

3　水による災害

大雨で水につかった道路

大雨で川の水量が増えてあふれ出すと、洪水などの災害が起こることがあります。また、山や谷では土砂崩れなどの水害が起こることもあります。

黒部ダム

ダムは、川の水をためて洪水を防いだり、生活に水を利用する役割をしています。

森林は大量の水を保ち水源になるので「自然のダム」とも言われています。

53ページで学んだように、川の水量が増えると流れが速くなり、水があふれたり川岸がけずられたりします。

大雨が降ったら川の増水に気をつけないとね。

川のようすを見に行ったりしないようにしよう！

02

土地のつくりと変化

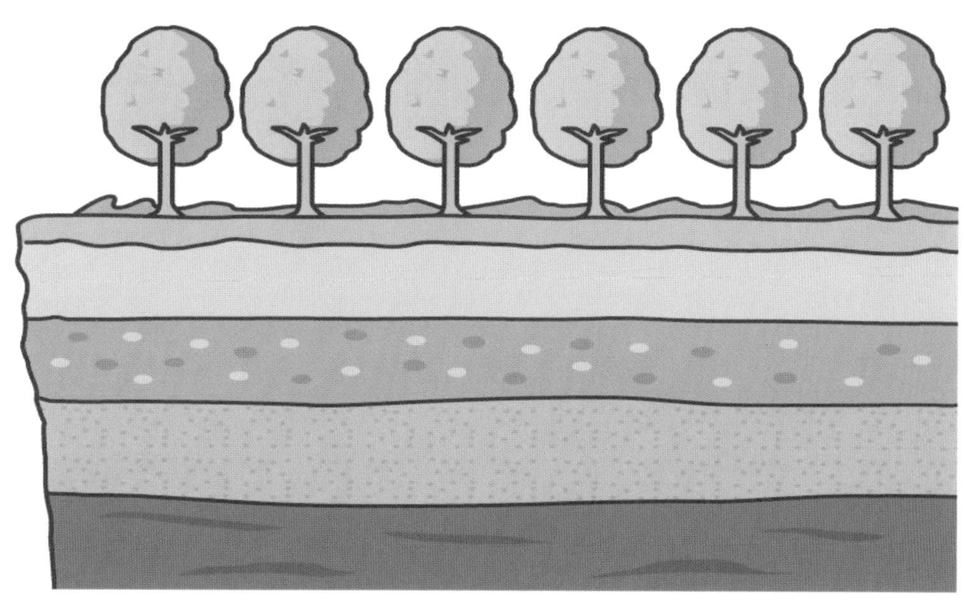

1　地層

ふだん私たちが住んでいる土地の下は、どのようになっているのでしょうか。

がけの断面がしま模様になっている！

いろいろなつぶでできたものが層になって積み重なって、しま模様になっていることがあります。これを**地層**といいます。

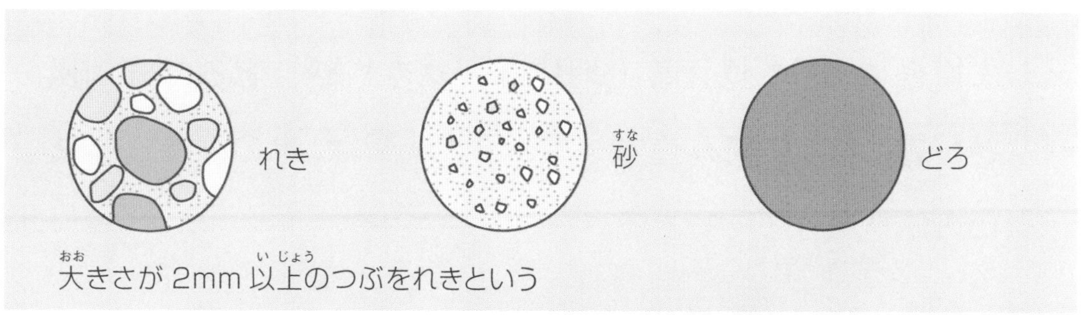

れき
砂
どろ
大きさが 2mm 以上のつぶをれきという

地層はどうやってできたのだろうか。

地層には、水のはたらきでできたものと、火山のはたらきでできたものがあります。

①水のはたらきによって地層ができた

水の流れで運ばれたものが積もり、
何度もくり返されて層になった。

②火山の噴火で地層ができた

火山の噴火で、火口から吹き出た
火山灰などが降り積もり層になった。

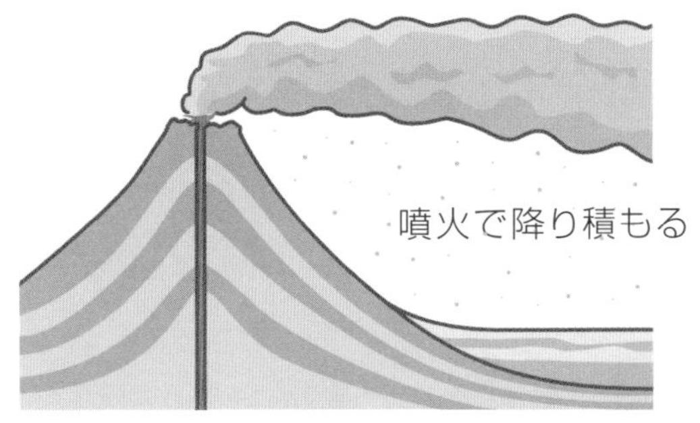

化石

地層の中から見つかる、動物や植物の一部、木の葉やなどを化石といいます。大昔にいた生物のことや、どのような土地の変化があったのかなどを知る手がかりになります。

結論

しま模様になって見える土地には、れきや砂、どろ、火山灰などが層になって積み重なっている。地層は、水のはたらきや、火山の噴火によってできる。

2 火山と地震

私たちがくらす日本は、地震や火山活動が多い国です。

火山や地震で、どんな災害が起きるのだろうか。

火山

火山が噴火すると、火口から火山灰が吹き出たり、よう岩が流れ出たりします。

鹿児島県 桜島の噴火

よう岩が流れて建物がうまってしまうこともあったそうだよ。

過去1万年以内に噴火したか、現在活発な噴気活動がある火山を**活火山**といいます。将来噴火する可能性がある火山も活火山です。日本には世界の活火山の約7%があります。

日本にある活火山を調べて書いててみよう。

活火山の名前と都道府県

地震

地球の表面は、プレートというかたい岩石の層でおおわれています。プレートに大きな力がはたらき、ずれ（断層）ができることで地震が起きます。海底で地震が起きると、津波が発生することがあります。

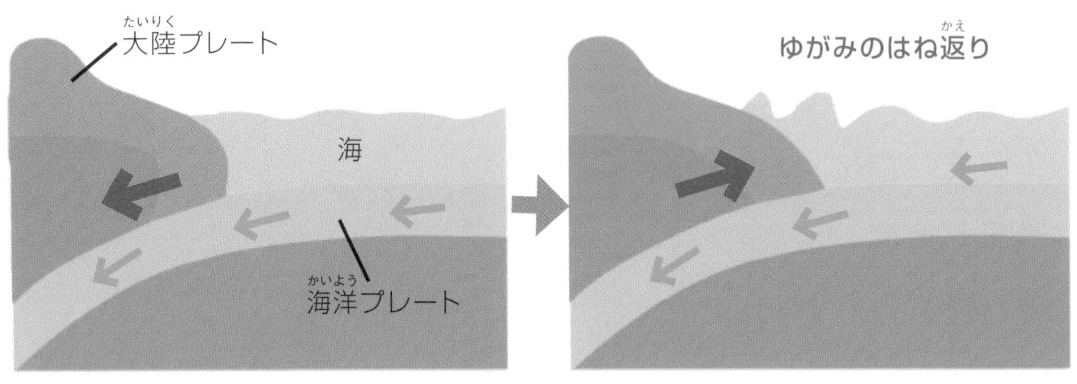

地震が起きた場所を**震源**といいます。地震の規模の大きさは、**マグニチュード**という値で表され、値が大きいほど地震の規模が大きいといえます。

また、ある地点での地面のゆれの強さを表すのが、**震度**です。震源からの距離によって、震度の大きさが変わってきます。

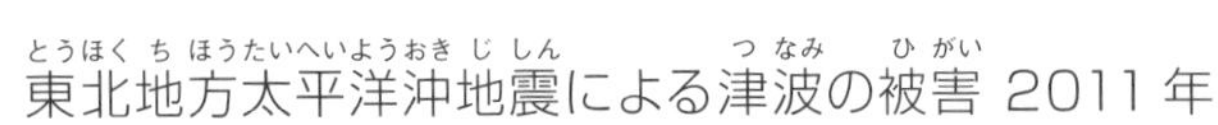
東北地方太平洋沖地震による津波の被害 2011 年

最大震度 7 を観測した熊本地震 2016 年

地震が起きたら、まず自分の身を守ること。

ひなん場所を確認しておくのも大事だね。

看板とか上から落ちてきそうなものに気をつけよう。

うちは、家具が倒れないように固定してあるよ。

まとめ

● 地層

泥やれきや火山灰などがつみ重なってできる。

地層は水のはたらきや火山の噴火によってできる。

● 火山と地震

日本は活火山や地震が多い国である。

03

天気の変化

1 天気と雲の関係

天気と雲のようすにどんな関係があるのだろうか。

雲が多くなると、暗くなって雨が降ると思う。

観察

天気が変化しやすい日を選ぼう

①午前９時・正午・15 時など定期的に同じ場所で調べる。

②天気や雲のようすを観察し、写真やイラストで記録する。

③観察した天気の変化をまとめる。

午前9時	正午	午後3時

白くてうすい雲があった。西から東にゆっくり動いていた。晴れている。	雲が増えて、少し黒っぽくなってきた。西から東に動いていた。	黒くてどんよりした雲が広がった。ほとんど動かなかった。雨が降りそう。

タブレットやスマホのカメラを使って記録するのもいいね

積乱雲

写真のように、たてに大きく成長した雲です。雲の底は昼間でもかなり暗く、雷をともなった激しい雨が降ったり突風が吹いたりします。夏に見られる入道雲も積乱雲の一種です。「この後、夕立がくるかもしれない」というサインとして覚えておきましょう。

夕立（夏の午後に降る雨）

結論

天気は、雲の量や動きと関係がある。天気が変わる時、雲は動きながら量が増えたり減ったりする。雲にはいろいろな色や形があり、黒っぽい雲が増えると雨になることが多い。

2 天気の予想

明日の天気を予想することはできるだろうか。

テレビで天気予報をやっているのを見るよ。

雨の予報は外れる時もあるし、むずかしそうだよね。

インターネットやテレビ、新聞などから気象情報を調べよう。

気象衛星画像

アメダス

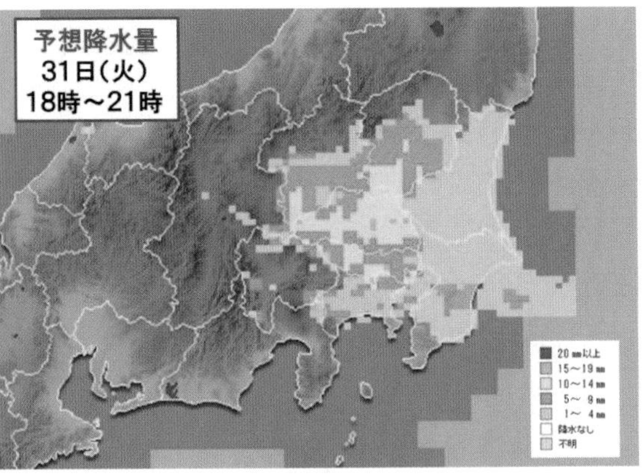

降水確率

天気予報では、傘マークと一緒に雨の降る確率が表示されています。60% や 80% などの数字を目安に傘を持っていくこともあるでしょう。これは、雨が降りそうかどうかが分かる数字で、大雨か小雨かという雨の量とは関係がないので注意しましょう。

雲の動きと雨の降る場所

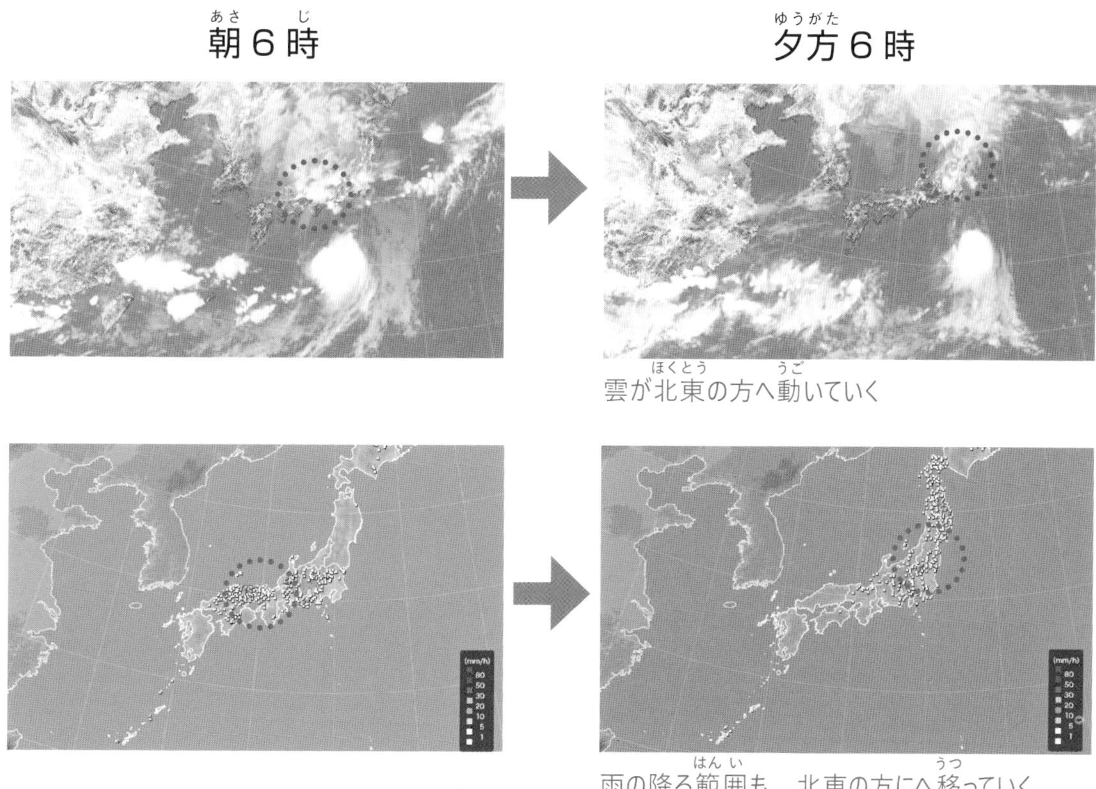

雲が北東の方へ動いていく

雨の降る範囲も、北東の方にへ移っていく

西から東に天気が動いてるみたいだね。

雲の動きに合わせて、雨の降る場所も動いたね。

結論

天気は、およそ西から東へ変化していく。気象情報を利用すると、ある程度予想することができる。

台風

私たちの住む日本では、夏から秋に台風が近づいてきます。台風が近づくと、強風や大雨による災害が起こることがあります。

台風による強風でたおれた街路樹

天気予報やニュースで台風の進路の情報を集めましょう。また、台風が来る前に、ベランダなどにある風に飛ばされそうなものは、しっかり固定するか、家の中にしまいましょう。

まとめ

天気と雲

天気は雲の量や動きと関係がある。黒い雲だと雨がふりやすい。

天気の予想

- 天気は西から東に変化していくことが多い。
- 天気は予想することができる。

3

物質(ぶっしつ)・エネルギー

01

ものの溶け方

1　水に溶けるとどうなる?

100mL の水が入ったビーカーに、食塩 5g を入れてまぜてみましょう。

かきまぜたら、とうめいになったね。

溶けた食塩はどうなったんだろう?

水溶液

水に食塩や砂糖が溶けた液体のように、水にものが溶けて全体に広がり、とうめいになった液体のことを、水溶液といいます。

水に溶かす前と後の重さをはかって比べてみよう。

溶けた食塩がどうなったかを調べるために、溶かす前と、溶かした後の重さをはかって比べてみましょう。

溶ける前と後の重さは変わらないんじゃないかな。

とうめいになって見えなくなるから、水の重さだけになると思う。

溶けるから、少し軽くなるのかな？

実験　溶かす前後の重さを、容器ごとはかりにのせて比べる。

溶かす前の重さ

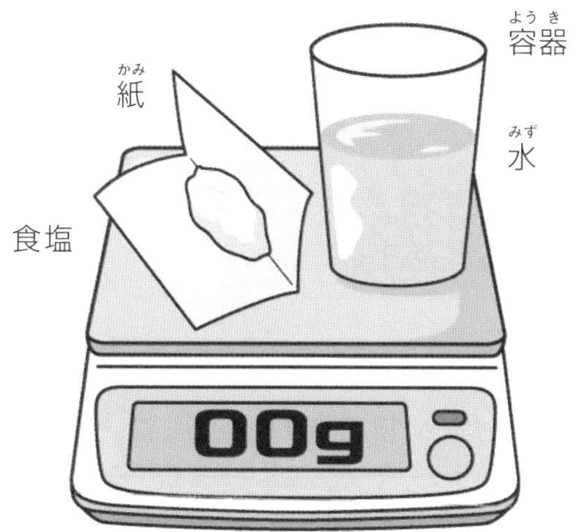

溶けた後の重さ

結果

溶かす前の重さ	溶けた後の重さ
105g	105g

溶かす前と、溶けた後では、重さは同じでした。

水の重さ　＋　溶かしたものの重さ　＝　水溶液の重さ

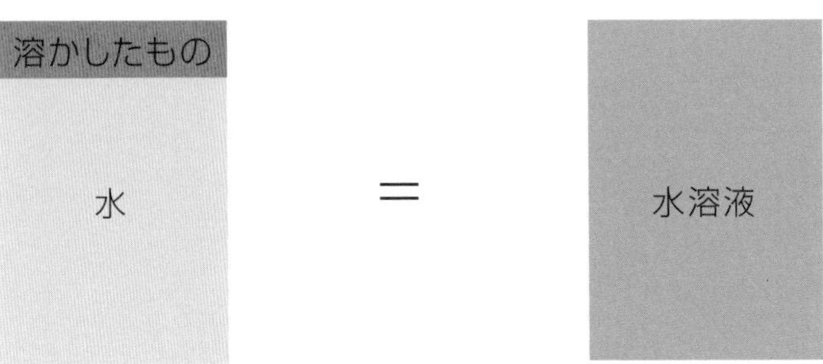

結論

ものは、水に溶かしても重さは変わらない。溶かしたものは、見えなくなっても、なくなっていない。

とうめいになったけど、食塩はちゃんと存在してるんだね。

紅茶に砂糖を入れたら見えなくなるけど、甘い味がするよね。

2 ものはどこまで水に溶かすことができる?

どれだけ入れても溶けるのだろうか。

食塩はどれだけ水に入れても溶けるのでしょうか?それとも、溶ける量には限度があるのでしょうか。

うーん、私は溶ける量には限りがあると思う。

でもまぜればとうめいになるし、、、。

少しずつ溶かしていけば、ずっと溶けるんじゃないかな！

実験 1　5g ずつ溶かすものを加えて、どこまで溶けるか調べる。

水に食塩 5g を入れる　→　かきまぜる　→　溶けたらまた 5g 入れる

別のビーカーを使って、食塩と同じようにミョウバンも 5g ずつ水に入れて調べる。

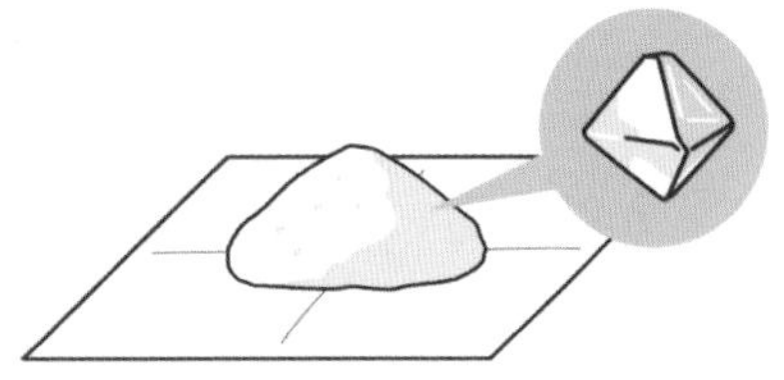

ミョウバン
食べものの煮くずれ防止や、色付けをよくしたり、消臭・制汗などにも使われている。

結果

○溶けた　×溶けなかった

加えた量	5g	10g	15g	20g
食塩	○	○	○	×
ミョウバン	○	×		

食塩とミョウバンでは溶ける量がちがうね。

食塩の方がよく溶けたけど、最後は溶け残ったね。

結論

ものが水に溶ける量には限りがある。また、ものによって水に溶ける量はちがう。

3　どうしたらもっと溶ける？

ビーカーに溶け残ったものは、どうしたらもっと溶けるだろうか。

自分の考え

もっと水の量を増やしてみたらどうかな。

お湯だったらもっと溶けるのかな。

その 2 つについて調べてみようか。

水の量を増やす

水を増やし、さらに溶けるか調べる。溶けたらまた溶かすものを増やして調べる。

温度を上げる

水を熱して温度を上げ、さらに溶けるか調べる。溶けたらまた溶かすものを増やして調べる。

実験

実験１で溶け残った水溶液に**水を加えて**かきまぜる。

①水を 50mL 加える。

②食塩を 5g 加えてかきまぜる。

③溶けたらまた 5g 加えて調べ、溶けなくなるまでくり返す。

結果

○溶けた　×溶けなかった

加えた量	5g	10g	15g	20g	25g	30g	35g
食塩	○	○	○	○	○	○	×
ミョウバン	○	○	×				

結論

水の量を増やすと、ものが水に溶ける量も増える。

水を増やしたら溶ける量も増えた！

実験

実験１で溶け残った水溶液の**温度を上げて**かきまぜる。

①発泡ポリエチレンの容器に60度のお湯を入れる。

②ビーカーを湯に入れてかきまぜる。

③溶けたらまた5g加えて調べ、溶けなくなるまでくり返す。

結果

○溶けた　×溶けなかった

加えた量	5g	10g	15g	20g
食塩	○	○	○	×
ミョウバン	○	○	○	×

結論

水溶液の温度を上げると、ミョウバンは溶ける量が増えるが、食塩はほとんど変化しない。

ものが水にとける量は、水の量や温度によってちがうんだね。

4　溶かしたものは取り出せるのかな？

前の実験で温度を上げたミョウバンの水溶液をそのままにしていると、溶けたミョウバンが出てきました。食塩はそのままにしても出てきませんでした。

時間がたったら、元にもどるのかな。

でも食塩は出てこなかったね。

水溶液に溶けたものは、取り出すことができるのだろうか。

水の量を減らす

熱することで水を減らし、溶けたものが取り出せるか調べる。

温度を下げる

冷やすことで温度を下げて、溶けたものが取り出せるか調べる。

ろ過

前の実験で溶け切らなかったつぶを取りのぞくために、水溶液をろ過しましょう。ろ過した後の液体をろ液といいます。

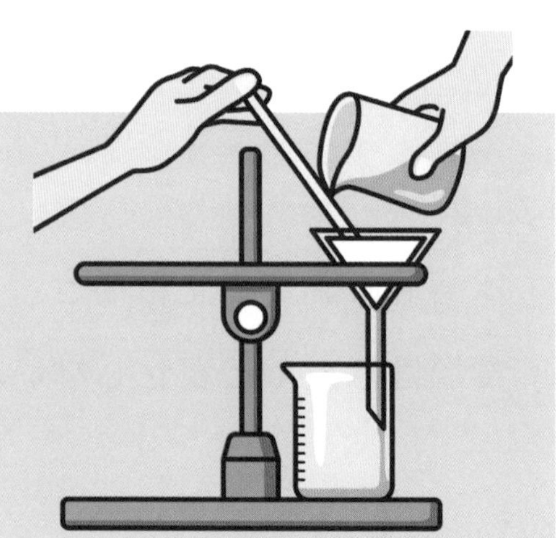

実験

ろ液を熱して、食塩やミョウバンが出るか調べる。

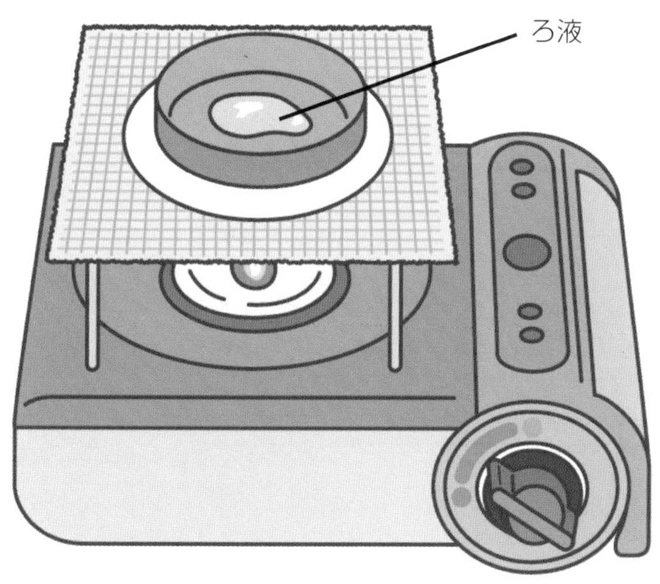

結果

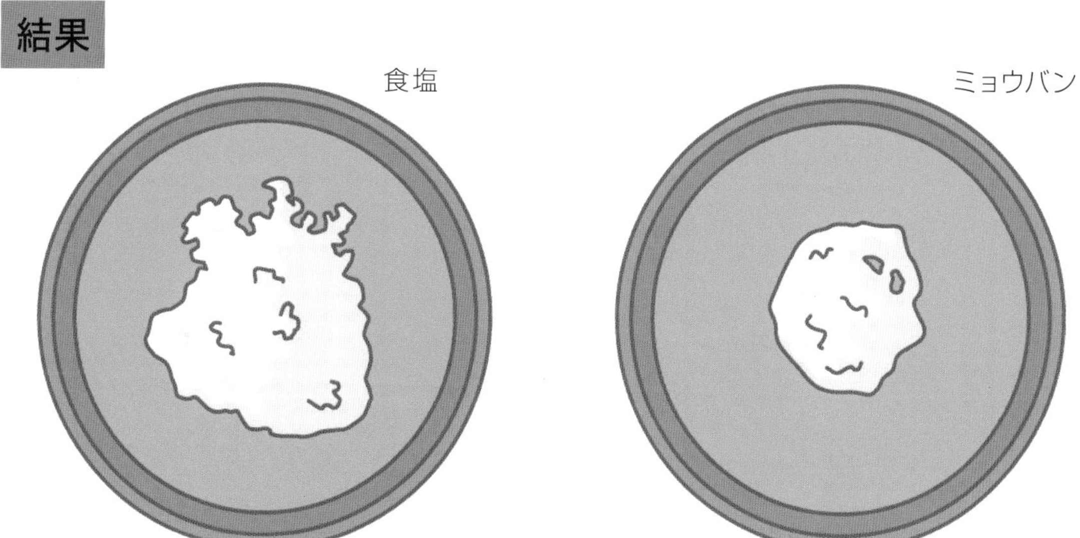

食塩もミョウバンも出てきた

結論

じょう発させて水の量を減らすと、食塩やミョウバンを取り出すことができる。

実験

氷水でろ液を冷やし、食塩やミョウバンが出るか調べる。

結果

食塩

食塩はでてこない　ろ液のまま

ミョウバン

ミョウバンはつぶが出てくる

結論

水溶液の温度を下げると、ミョウバンは取り出すことができるが、食塩はほとんど取り出すことができない。

まとめ

◎水溶液

・溶かす前と後の重さは同じだ。
・溶ける量には限度がある。

◎もっと溶かす

・水の量を増やす→ミョウバンも食塩も溶ける量は増えた
・温度を上げる→ミョウバンは溶ける量が増えたが、食塩は変わらなかった。

◎溶けたものを取り出す

・水の量を減らす→食塩やミョウバンを取り出すことができた
・温度を下げる→ミョウバンは取り出せたが、食塩はほとんど取り出せなかった。

02

電流のはたらき

1　電気の流れ

乾電池には、＋と－の２つの極があります。

乾電池のつなぎ方でどう変わるのだろうか。

乾電池と豆電球を導線でつなぎ、明かりのつき方を調べましょう。

いろんなつなぎ方が考えられるね。

極じゃない所にもつなげてみようか。

実験

つなぎ方で明かりのつき方のちがいを調べる。

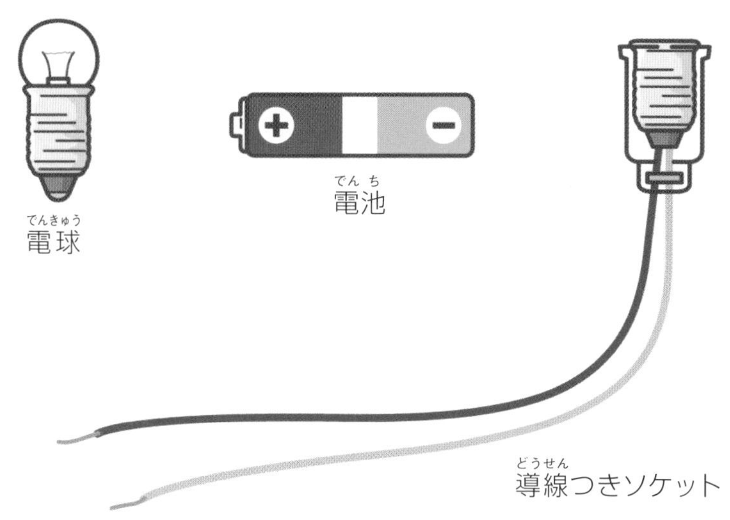

①導線つきソケットに豆電球をねじこむ。

②導線を乾電池につなぎ、つなぎ方を調べる。

結果

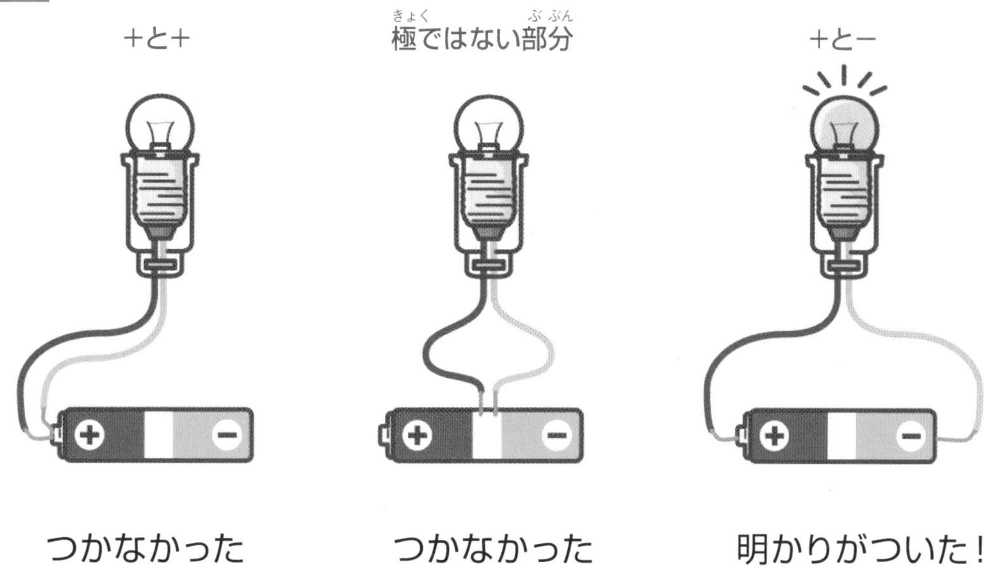

結論

乾電池の＋極と－極に導線をつなぐと、豆電球に明かりがつく。

＋極、豆電球、－極をつないだ輪のようになっている電気の通り道を、**回路**といいます。

2　電気を通すもの、通さないもの

電気を通すものと通さないものにちがいはあるのでしょうか。

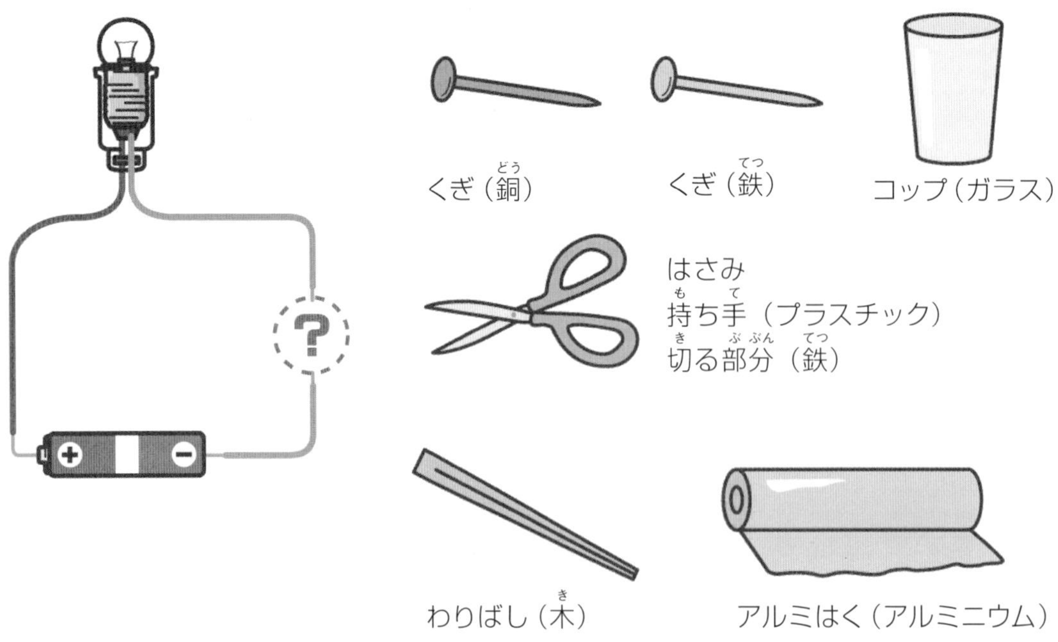

実験　回路の一部にいろいろな物をつないで、豆電球がつくか調べる。

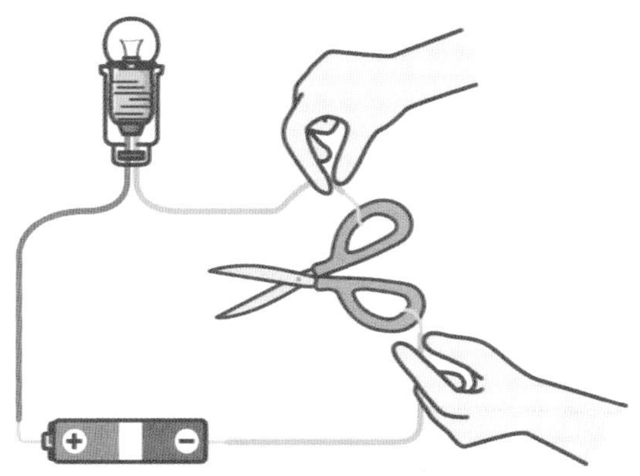

結果

電気を通すもの	電気を通さないもの
くぎ（銅） くぎ（鉄） はさみの切る部分（鉄） アルミはく（アルミニウム）	コップ（ガラス） はさみの持ち手（プラスチック） わりばし（木）

鉄やアルミは電気が通ったね！

金属か、そうじゃないかでちがうみたいだね。

結論

金属（鉄、銅、アルミニウム）は電気を通す。木、プラスチックなどは電気を通さない。

3　電流の向きと電池のつなぎ方

モーターの先にプロペラをつけて、回しましょう。
回路に流れる電気を**電流**といいます。

電池の向き 1

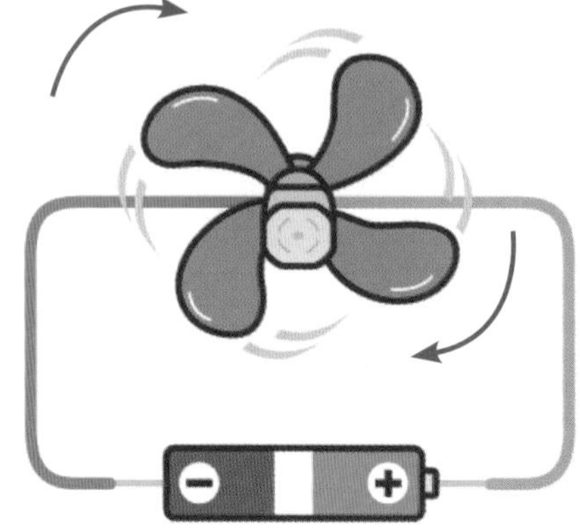

電池の向き 2

電池の向きを変えたら、プロペラの回り方が変わった！

電流は＋極から－極に向かって流れます。乾電池の向きを反対にすると、電流の向きも反対になるため、モーターは逆に回りました。

乾電池を 2 つつなぐとモーターは早くなるのだろうか。

乾電池を 2 つつないで、モーターの速さや電球の明るさを調べましょう。

2つつなぐと、モーターは速くなると思う。

結果

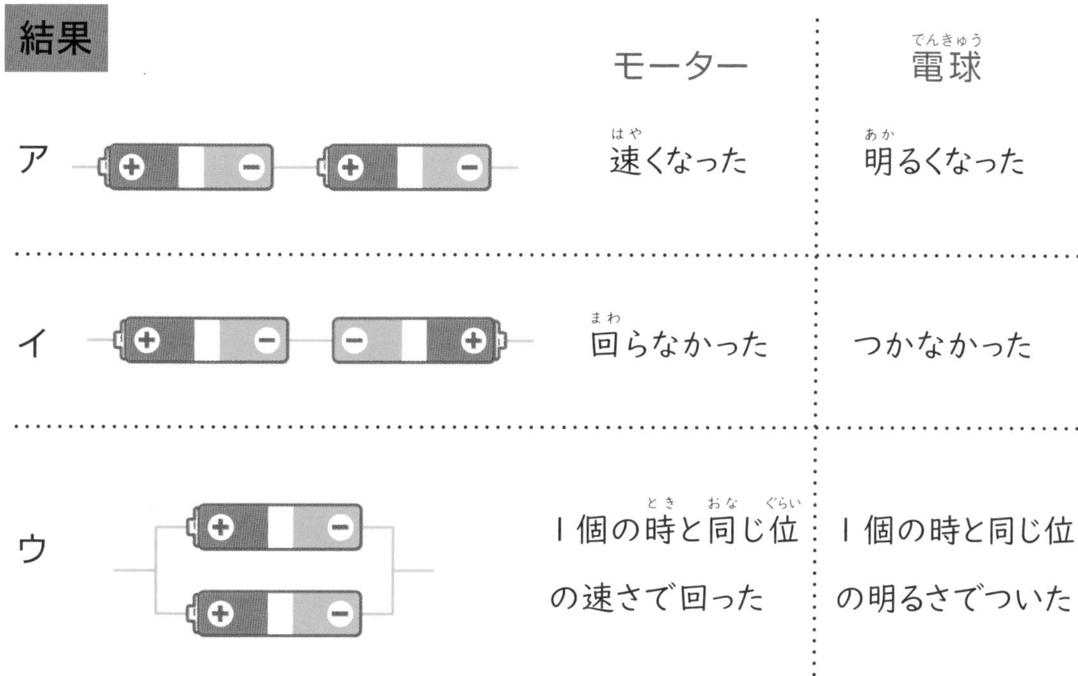

	モーター	電球
ア	速くなった	明るくなった
イ	回らなかった	つかなかった
ウ	1個の時と同じ位の速さで回った	1個の時と同じ位の明るさでついた

アのつなぎ方を**直列つなぎ**といいます。（プラスとマイナスをつなぐ）

ウのつなぎ方を**並列つなぎ**といいます。（プラス同士、マイナス同士をつなぐ）

テレビやエアコン、懐中電灯など身の回りのリモコンを見てみましょう。

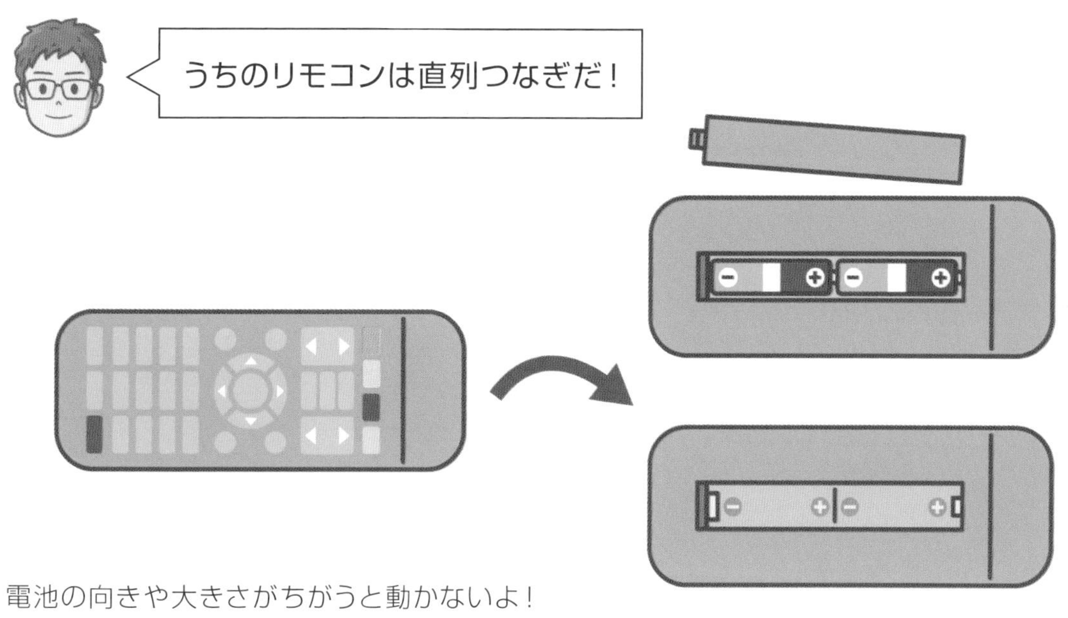

電池の向きや大きさがちがうと動かないよ！

まとめ

◎電気の流れ

・乾電池の＋極と－極をつなぐと豆電球がついた。

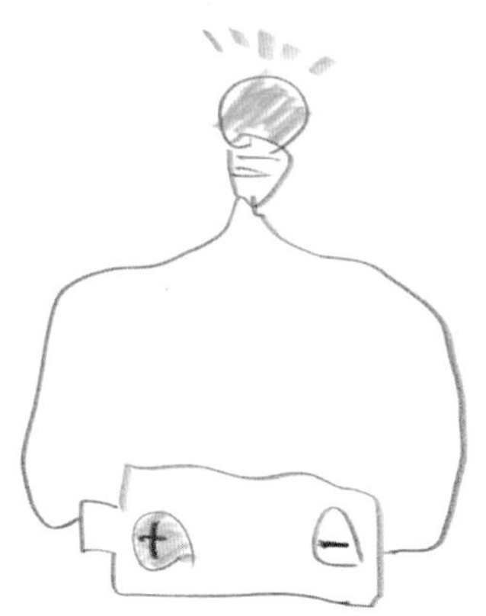

◎電気を通すもの

・金属は電気を通したが、木やプラスチックは通さなかった。

◎直列つなぎ

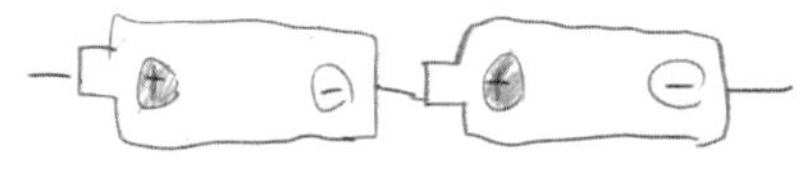

直列つなぎの方が、モーターは速く、電球は明るかった。

◎並列つなぎ

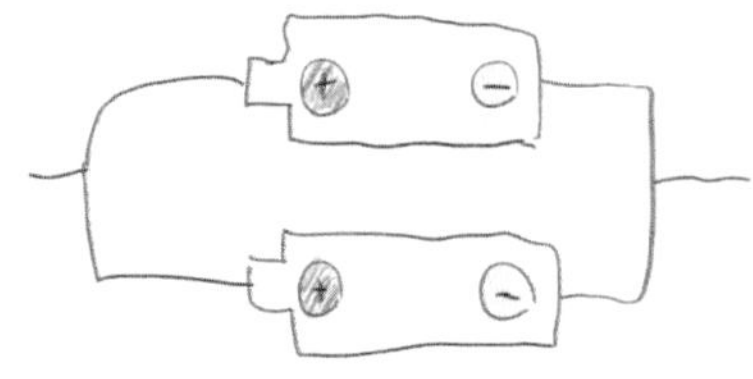

03

身の回りの電気

1　電気が届くまで

電気は私たちの生活のさまざまな場面で使われています。

生活で使われている電気の多くは、発電所で作られています。発電所で作られた電気は、送電線を通り、家や学校、工場などへ届けられています。

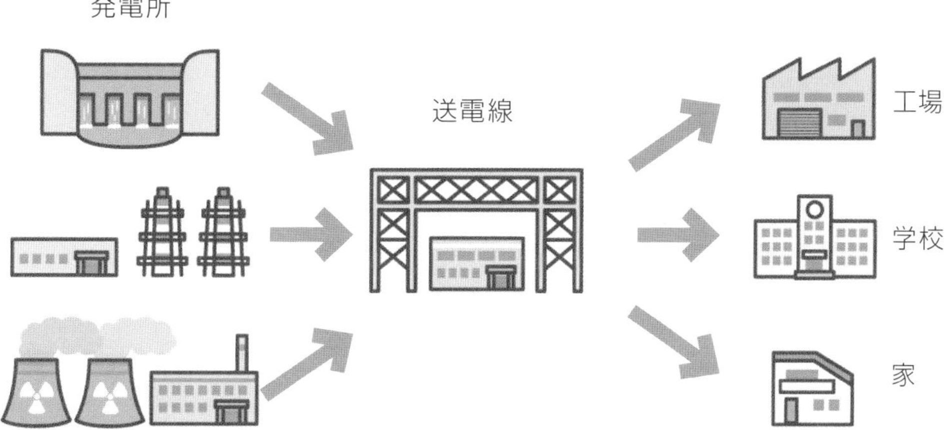

電気ってためたり、運んだりすることができるんだね。

遠くの発電所で作られた電気が家まで運ばれてるんだね。

結論

電気は作ったり、たくわえたりすることができる。

2　電気の性質やはたらき

電気は、どのように生活に利用されているのだろうか。

身の回りで電気が使われているものについて考えてみよう。

エアコンは電気で動いている。暖かくしたり冷たくしたり。

せん風機は風を送るために羽が動いてるね。

身の回りの電化製品と、どんなはたらきをしているかを書いてみよう

私たちのくらしでは、電気はモーターや信号、テレビやラジオ、ドライヤーなど、身の回りの道具に利用されています。

電化製品を見ると、「消費電力 100W」といった数字が書いてあります。このWは**ワット**といい、電気が仕事をする力を表す単位です。テレビやパソコンは50～300Wくらいですが、ドライヤーや電子レンジは1000Wを超えたりします。熱を使う電化製品はたくさんのエネルギーを使います。

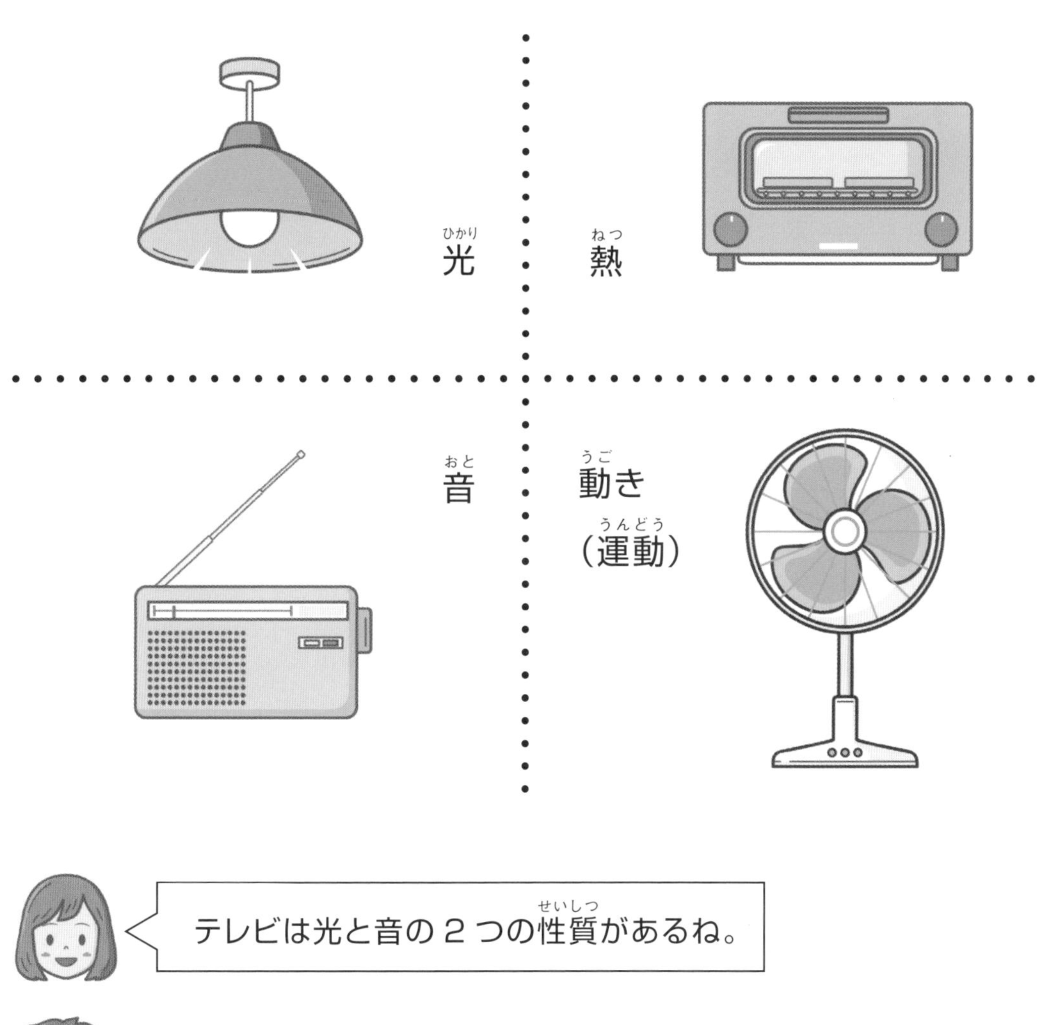

テレビは光と音の2つの性質があるね。

ドライヤーは熱と動きだし、いろいろ利用できるんだね。

結論

電気は、光や音、熱や動き（運動）に変わる性質がある。

さまざまな発電

火力発電

水力発電

風力発電

太陽光力発電

原子力発電

電気をつくることを
「発電」といいます。

いろいろな方法で電気を
つくって、くらしに利用
しているんだね。

04

燃焼のしくみ

1 燃焼と空気

ろうそくに火をつけ、びんをのせてふたをしてみよう。

火が消えた！

空気がなくなったから消えたのかな。

空気は、ちっ素や酸素、二酸化炭素などの気体でできています。**ものが燃えるには、酸素が必要です。**

●空気中の成分　体積の割合

ちっ素（約 78%）

酸素（約 21%）

二酸化炭素（約 0.04%）など

酸素

酸素にはものを燃やすはたらきが**ある**

ちっ素　二酸化炭素

ちっ素と二酸化炭素はものを燃やすはたらきが**ない**

ものが燃えた後の空気はどうなるのだろうか。

火が消えるまでろうそくを燃やしたびんの中に、別の火のついたろうそくを入れると、すぐに火は消えてしまいます。

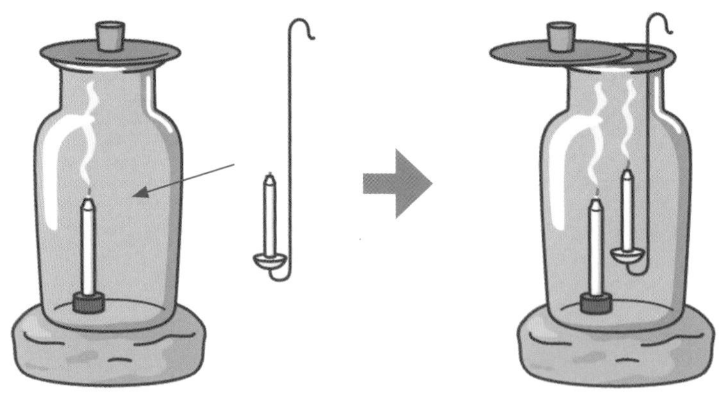

新しく火のついたろうそくを入れたのに、消えちゃったね。

ものが燃えたら、空気に変化がおきるのかな。

実験　ものを燃やす前と後の空気を、石灰水を入れて調べる。

石灰水をびんの中に入れ、ふたをしてふり、石灰水に変化があるか調べてみましょう。

石灰水：二酸化炭素があるか調べることができる。
二酸化炭素があると白くにごる。

燃やす前のびん

燃えた後のびん

白くにごった！

結論

酸素には、ものを燃やすはたらきがある。ろうそくなどのものが燃えると、空気中の酸素が減って、二酸化炭素が増える。

空気の中の酸素の割合が少ないと、ものは燃えないんだね。

まとめ

・酸素にはものを燃やすはたらきが
①（ある・ない）

・ちっ素にはものを燃やすはたらきが
②（ある・ない）

・二酸化炭素にはものを燃やすはたらきが　③（ある・ない）

● ろうそくなどのものが燃えるときは、空気中の酸素が減って、二酸化炭素が増える。

● 二酸化炭素があるか調べる

二酸化炭素があると、石灰水は（④　　　　　　　　）。

①ある　②ない　③ない　④白くにごる

さくいん

か・カ行

さ・サ行

た・タ行

は・ハ行

ま・マ行

や・ヤ行

ら・ラ行

わ・ワ行

編集協力

寒川 昭子（東京都立府中けやきの森学園）
永峯 秀人（東京都立府中けやきの森学園）
吉岡 美佳（東京都立府中けやきの森学園）
※ 50 音順

参考図書

新しい理科（東京書籍）/ わくわく理科（啓林館）/ たのしい理科（大日本図書）

写真等出典 : クレジットの記載が不要のものを使用しております。

イラスト（表紙・本文）: 念佛明要

ひとりだちするための**理科**

2023 年 10 月 15 日　初版発行

発行所　株式会社エストディオ　出版事業部
（日本教育研究出版）

東京都目黒区上目黒 3-6-2 伊藤ビル 302
TEL 03-6303-0543　FAX 03-6303-0546
WEB https://www.estudio-japan.com

ISBN978-4-931336-40-7